Innsbrucker Studien zu Literatur und Film der Gegenwart
Band 3

Leben ist Kommunikation und Kommunikation ist Leben, Kommunikation macht den Menschen aus und begründet seine Freiheit. Wer wissen will, welche Möglichkeiten Kommunikation bereitstellt, der ist gut beraten, sich auch mit Literatur und Film zu beschäftigen. Literatur und Film konstruieren, reflektieren, kommentieren, verfremden, entwerfen Wirklichkeit(en), sie haben den Vorzug, dabei nicht an die Regeln der Realität gebunden zu sein.
Die Reihe konzentriert sich auf das, was uns heute am nächsten ist – die Literatur und den Film der Gegenwart. Sie bezieht dabei nicht nur als besonders künstlerisch geltende Arbeiten, sondern populäre Lese- und Filmstoffe, auf Spannung und Unterhaltung zielende Texte und Filme ebenso mit ein. Die von den Arbeiten der Reihe diskutierten Filme und Texte werden als einschlägig angesehen für den Literatur- und Filmbetrieb der Gegenwart und damit auch für die Gesellschaft und die Zeit, in der sie entstanden sind und rezipiert werden.

Vorschläge für die Reihe sind jederzeit gern willkommen.

Reihenherausgeber: Univ.-Prof. Dr. Stefan Neuhaus, Universität Innsbruck.

stefan.neuhaus@uibk.ac.at

„Doch ist nicht alles Erinnerung, was ich schreibe?"

Erinnern und Bewahren in den populären Autobiographien von Maria Gremel, Barbara Passrugger und Anna Wimschneider

von

Sonja Unterpertinger

Tectum Verlag

Sonja Unterpertinger

„Doch ist nicht alles Erinnerung, was ich schreibe?“
Erinnern und Bewahren in den populären Autobiographien
von Maria Gremel, Barbara Passrugger und Anna Wimschneider

***Innsbrucker Studien
zu Literatur und Film der Gegenwart***, Band 3

ISBN: 978-3-8288-2974-9

Umschlagabbildung: Unterpertinger
Umschlaggestaltung: Sieg/Hieronimi | Tectum Verlag

Besuchen Sie uns im Internet
www.tectum-verlag.de

Bibliografische Informationen der Deutschen Bibliothek
Die Deutsche Bibliothek verzeichnet diese Publikation in der Deutschen Nationalbibliografie; detaillierte bibliografische Angaben sind im Internet über http://dnb.ddb.de abrufbar.

Inhaltsverzeichnis

1 Einleitung 7

2 Gedächtnis und Erinnern 11

2.1 Das individuelle Gedächtnis 11

2.1.1 Was ist das „Gedächtnis“? 11

2.1.2 Die Klassifikation des menschlichen Gedächtnisses 13

2.1.2.1 Psychologische Gedächtnissysteme 13

2.1.2.2 Die physiologische Gliederung des Gedächtnisses 16

2.1.3 Die drei Arbeitsprozesse des Gedächtnisses 18

2.1.4 Das autobiographische Gedächtnis 22

2.2 Das soziale Gedächtnis 23

2.2.1 Das kollektive Gedächtnis nach Maurice Halbwachs 24

2.2.2 Das kommunikative und kulturelle Gedächtnis nach Jan Assmann 26

3 Gedächtnis und Literatur 29

3.1 Gemeinsamkeiten und Unterschiede von Gedächtnis und Literatur 29

3.2 Das Gedächtnis der Literatur 30

3.3 Gedächtnis und Medien 32

3.4 Literarische Inszenierung von Gedächtnis und Erinnern 35

3.4.1 Die Autobiographie 37

3.4.1.1 Genderbedingte Unterschiede bei einer Autobiographie 39

3.4.1.2 Trivialliterarische Merkmale einer Autobiographie 40

3.5 Bewahren von Erinnerungen 45

4 Das Erinnern und Bewahren in populären Autobiographien 49

4.1 Die Autorinnen 50

4.1.1 Der Lebenslauf von Maria Gremel 50

4.1.2 Der Lebenslauf von Barbara Passrugger 60

4.1.3 Der Lebenslauf von Anna Wimschneider 65

4.2 Der Schreibprozess als Erinnerungsakt 68

4.2.1 Die Entstehung der Texte 68

4.2.2 Die Schreibintention 73
4.2.3 Literarische Mittel 77
4.3 Formale Merkmale 79
4.3.1 Das Genre „Autobiographie“ 79
4.3.1.1 Das Abrufen von Erinnerungen 79
4.3.1.2 Die populäre Autobiographie als Teil des kollektiven Gedächtnisses 81
4.3.1.3 Realität versus Fiktion 83
4.3.1.4 Die Autobiographie als Selbstdarstellung 86
4.3.2 Der Aufbau der Texte 89
4.3.3 Außertextuelle Zusätze 92
4.3.4 Die Sprache 93
4.4 Die thematischen Schwerpunkte 96
4.4.1 Das familiäre Umfeld und die soziale Herkunft 100
4.4.2 Die Religion 106
4.4.3 Liebe und Sexualität 111
4.4.4 Die Gesellschaft und das Individuum 121
4.4.5 Das Arbeitsumfeld 132
4.4.6 Der historische Kontext 138
5 Zusammenfassung 149
6 Abkürzungsverzeichnis 155
7 Literaturverzeichnis 157

1 Einleitung

Eine Autobiographie ist die literarische Auseinandersetzung mit der eigenen Lebensgeschichte, die retrospektiv erinnert und festgehalten wird. Sie war über Jahrhunderte hinweg den oberen sozialen Schichten vorbehalten, erst gegen Ende des 19. Jahrhunderts begannen auch die unteren Schichten diese Gattung für ihren Emanzipationsprozess zu nutzen. Es setzte eine Demokratisierung der Autobiographie ein und mittlerweile überschwemmen zahlreiche Lebensberichte den internationalen Buchmarkt, die nahezu jedes Interessensgebiet abdecken: vom Werdegang prominenter Persönlichkeiten über die individuelle Darstellung besonderer historischer Ereignisse bis hin zum Einblick in das Leben „kleiner" Leute. Diese so genannten populären autobiographischen Texte erhalten als Zeitzeugenberichte in der Sozialhistorik zunehmend Aufmerksamkeit, sind jedoch bisher in der Germanistik weitgehend unbeachtet geblieben.

Diese Abhandlung soll nun die Lebenserinnerungen von Frauen aus dem bäuerlich-ländlichen Milieu des 20. Jahrhunderts näher betrachten. Anhand der folgenden drei populären Autobiographien aus dem süddeutschen Sprachraum sollen das Erinnern und Bewahren in populären Lebensgeschichten aufgezeigt werden:

- Anna Wimschneider: „Herbstmilch" (1984),
- Barbara Passrugger: „Hartes Brot. Aus dem Leben einer Bergbäuerin" (1989) sowie „Steiler Hang" (1993) und
- Maria Gremels Jubiläumsausgabe „Mein Leben" – bestehend aus dem ersten Band „Mit neun Jahren im Dienst. Mein Leben im Stübl und am Bauernhof. 1900–1930" (1983) sowie dem zweiten Band „Vom Land zur Stadt. 1930–1950" (1991).

Dabei werden nicht nur die Methodik und Interessen der Literaturwissenschaft herangezogen, sondern auch Erkenntnisse und Theorien aus der Psychologie, der Neurowissenschaft, der Soziologie sowie der Sozialgeschichte.

Der erste Teil soll elementare Begriffe rund um das menschliche Gedächtnis und den Erinnerungsprozess klären. Das Gedächtnis, einschließlich autobiographischer Erinnerungen, wird maßgeblich von den Emotionen beeinflusst, unabhängig davon, ob sie positiv oder negativ sind. Erinnern ist keine objektive Wiedergabe des Erlebten und Erfahrenen, sondern das Vergangene wird unter Miteinbeziehung der persönlichen Ansichten sowie der Einflüsse durch die und auf die Mitwelt rekonstruiert.

Doch nicht nur Einzelpersonen haben die Fähigkeit, die Vergangenheit zu erinnern und zu speichern, sondern auch soziale Gruppen. Maurice Halbwachs erstellte in diesem Zusammenhang die Theorie des kollektiven Gedächtnisses, welche Jan Assmann modifizierte und die Begriffe „kulturelles und kommunikatives Gedächtnis“ prägte.

Im zweiten Teil werden dann die Gemeinsamkeiten und Unterschiede von Gedächtnis und Literatur betrachtet und es soll geklärt werden, inwiefern Literatur erinnert und auf welche Weise an sie erinnert werden kann. Welche Rolle spielen dabei die verschiedenen Medien und welche Funktionen übernehmen sie? Hierbei wird v.a. auf Astrid Erll und Ansgar Nünning eingegangen, die sich intensiv mit diesen Fragen befasst haben.

Die Autobiographie ist eine non-fiktionale Literaturgattung, die sich mit der rückblickend erzählten Lebensgeschichte auseinandersetzt. Dabei wird nicht nur das Erinnern von kulturell fixierten Wahrnehmungs- und Gattungsmustern geprägt, sondern auch das Erzählen. Gleichzeitig ist die Autobiographie eine Selbstdarstellung des/der Verfassers/in, da sie eine Präsentation und Inszenierung der eigenen Person ermöglicht. Die geschlechtsspezifischen Unterschiede beim Verfassen einer Selbstbiographie werden aufgezeigt und es wird ein Überblick über die Merkmale der Trivialliteratur gegeben, wie sie auch in populären Autobiographien zu finden sind.

Im dritten Teil werden Textbeispiele hinzugezogen. Aufgrund des geringen Bekanntheitsgrads der Autorinnen finden sich zu Beginn ihre Biographien, die mithilfe ihrer selbsterzählten Geschichte, verschiedenen Zeitungsartikeln, Informationen aus dem Internet sowie einigen Unterlagen der „Dokumentation lebensgeschichtlicher Aufzeichnungen“ an der Universität Wien erstellt wurden. Anschließend soll ermittelt werden, unter welchen Umständen und Bedingungen die Frauen ihre Erinnerungen festgehalten haben, welche Intention sie motiviert hat sowie welche literarischen und erzählerischen Mittel sie dafür verwendet haben. Hierbei werden der Erinnerungsprozess beim Verfassen des Textes und die Auswirkung auf den Aufbau beleuchtet.

Anhand von Textbeispielen werden die sprachlichen Besonderheiten ergründet, wie Archaismen oder regionale Ausdrücke. Schließlich soll das Augenmerk auf die inhaltlichen Kennzeichen gerichtet werden, indem die thematischen Schwerpunkte der Autobiographien erläutert werden. Neben ihrer persönlichen Lebensgeschichte schildern die Frauen das ländliche Leben im 20. Jahrhundert. Bereits von Kindesbeinen an wurden sie an das traditionelle Wertesystem herangeführt, das von Fleiß und Gehorsam bestimmt wurde. Sie schildern, welchen Einfluss der Glaube an Gott sowie die katholische Kirche auf ihr Leben hatten und wie diese das Zusammenleben in der Gemeinde prägten. Die Dorfgemeinschaft hatte großen Einfluss auf das Individuum und das Gemeinwohl wurde in der Regel über die persönlichen Wünsche gestellt. Die Frauen erzählen vom familiären Umfeld, in dem sie aufgewachsen sind, von ihren Liebschaften und dem harten Arbeitsalltag, der ihnen kaum Freiraum erlaubt hat. Sie schildern ihr eigenes Leben in Hinblick auf die sozialen, religiösen, kulturellen und historischen Besonderheiten sowie Veränderungen im bäuerlich-ländlichen Umfeld im Laufe des 20. Jahrhunderts.

2 Gedächtnis und Erinnern

2.1 Das individuelle Gedächtnis

2.1.1 Was ist das „Gedächtnis“?

Das Gedächtnis ist ein neuronaler Prozess, der die Wahrnehmung, Verarbeitung sowie Speicherung von bewusst oder unbewusst aufgenommenen Emotionen, Wissen und Umfelderfahrungen verwaltet. Der Mensch registriert mit seinen Sinnen auf die Umwelt, doch eine ungefilterte Flut an Reizen würde das Gehirn überfordern. Darum differenziert es und verwendet nur die situativ bedeutenden Informationen. Man spricht in diesem Zusammenhang von selektiver Wahrnehmung. Die meisten der sensuellen Reize werden unbewusst erfasst und sofort aussortiert. Das Gedächtnis verarbeitet und verwaltet Inhalte für sehr unterschiedliche Zeitspannen: von Millisekunden über Minuten, Stunden und Tage bis hin zu einem ganzen Leben. Die Informationen werden nach ihrem Inhalt unterteilt, z.B. ob man sich an sein erstes Fahrrad erinnert (episodisch-autobiografisches Gedächtnis), an die Höhe des Mount Everest (semantisches Gedächtnis) oder an die Handbewegungen beim Kaffee Kochen (prozedurales Gedächtnis).[1]

Harald Welzer bezeichnet das Gedächtnis als „ein konstruktives System [...], das Realität nicht einfach abbildet, sondern auf unterschiedlichsten Wegen und nach unterschiedlichsten Funktionen filtert und interpretiert.“[2] Das Gedächtnis speichert sowohl persönliche Erfahrungen als auch Schul- und Weltwissen sowie Bewegungsabläufe und ist keineswegs frei von subjektiven Eindrücken.

In seiner Komplexität benötigt das Gedächtnis sprachliche Mittel für die Erkennung, Verarbeitung und eventuelle Speicherung der eingehenden Reize. Hierfür verwendet es Muster, Kategorien und Konzepte, da sich Gegenstände vergleichen lassen und in unterschiedliche oder gleiche Kate-

---

1 Vgl. Zimbardo, S. 232 ff.

2 Welzer, S. 20.

gorien eingeteilt werden können. So gehören z.B. Äpfel und Birnen in die Kategorie „Obst“, während Schokolade zur Kategorie „Süßwaren“ zählt. Zweifellos lassen sich all diese Begriffe der übergeordneten Kategorie „Lebensmittel“ zuordnen. So entsteht eine Vernetzung verschiedener Kategorien und Einzelbegriffe. Die Kriterien, nach denen die Begriffe der Kategorie „Lebensmittel“ eingeteilt werden, können außerdem variiert werden. So entsteht eine völlig neue Anordnung, wenn man die einzelnen Begriffe nach „Kalorien“ oder „Verdauungszeit“ sortiert.[3]

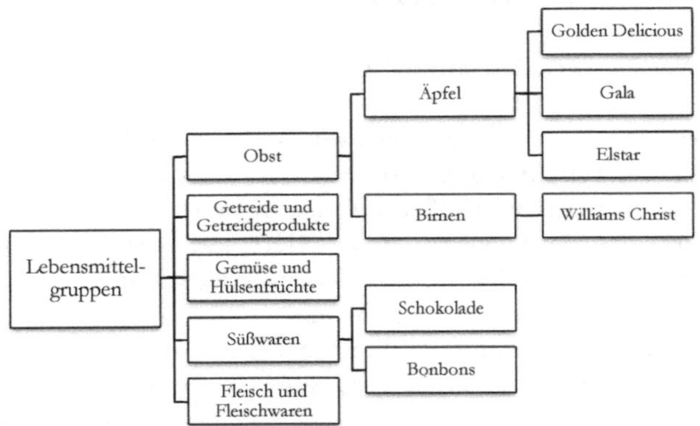

Abbildung 1: Beispiel für mentale Kategorien

Um Kategorien zu erstellen, benötigt man Konzepte. Ein Konzept ist die individuell verschiedene Vorstellung eines Gegenstands bzw. eines Lebewesens, eines abstrakten Begriffs, einer Eigenschaft oder einer Handlung. Das Wort „Hund“ ruft ein geistiges Bild des Archetyps vor Augen, das aufgrund divergenter persönlicher Erfahrungen sehr unterschiedlich ausfallen kann. So kann das persönliche Konzept eines Hundes ein Schäferhund sein, eine Deutsche Dogge oder ein Dackel. Die einzelnen Hunderassen verbindet eine Liste von Merkmalen, die auf das Konzept „Hund“ zutreffen, z.B. „hat vier Beine“, „hört und riecht hervorragend“, „ist domestiziert“ usw. Da diese Merkmale allerdings auch auf das Konzept „Katze“ zutreffen, kann durch die Auflistung weiterer Charakteristika der Kategorie „Hund“ (z.B. „bellt“ oder „kann die Funktion des Hirtenhunds übernehmen“) das falsche Konzept ausgeschlossen und das richtige eingekreist werden. Tatsächlich gibt es einzelne Objekte einer Kategorie, die dem Konzept ähnlicher sind als andere, weil sie mehr Merkmale mit den ande-

---

3 Vgl. Zimbardo, S. 258 ff.

ren Exemplaren teilen. So entspricht eine Hauskatze in unseren Kulturkreisen eher dem Prototypen der Kategorie „Katze" als ein Löwe oder eine Hyäne.[4]

Zwei Theorien beschäftigen sich mit der Bildung von Konzepten: Die Prototypentheorie besagt, dass das Gedächtnis für jedes Konzept einen einzigen Prototypen erstellt. Trifft man nun auf ein Objekt, z.B. ein Glas, vergleicht das Gehirn den Gegenstand mit den vorhandenen Prototypen (z.B. „Glas", „Becher", „Tasse"), um es dann gegebenenfalls einer dieser Kategorien zuzuordnen. Wahrscheinlicher jedoch ist die Exemplartheorie, die davon ausgeht, dass viele einzelne Exemplare eines Gegenstands aus unterschiedlichen Erinnerungen gespeichert werden, an denen dann ein Objekt gemessen wird. Individuell verschiedene Erfahrungen und Erinnerungen mit Einzelobjekten führt das Gedächtnis also zu einem Konzept zusammen, das über eine Liste von Merkmalen charakterisiert wird. So kann gegebenenfalls ein noch nie gesehenes Objekt der Kategorie hinzugefügt werden.[5]

Gedächtnisinhalte können nicht nur Kategorien zugeordnet, sondern auch in kontextorientierten Rahmen eingebettet werden, die es jedem/jeder Einzelnen ermöglichen, in einer Situation angemessen zu reagieren, z.B. beim Verhalten in einem Restaurant. Diese Rahmen nennt man Schemata und sind sozial, historisch, geographisch sowie kulturell verschieden. Auffallend ist, dass Informationen und Erlebnisse, die nicht in ein bekanntes Schema passen, leichter erinnert werden, z.B. ein Hund auf einem Autodach.[6]

2.1.2 Die Klassifikation des menschlichen Gedächtnisses

2.1.2.1 Psychologische Gedächtnissysteme

Die Psychologie teilt das Gedächtnis in verschiedene Bereiche je nach zeitlicher Dauer der Speicherung (Ultrakurz-, Kurzzeit- und Langzeitgedächtnis) und Inhalt der Informationen des Langzeitgedächtnisses (deklaratives und prozedurales Gedächtnis). Ferner unterscheidet die Forschung zwi-

---

4 Vgl. Zimbardo, S. 258 ff.

5 Vgl. ebda, S. 262.

6 Vgl. ebda, S. 260 f.

schen bewusstem (explizitem) und unbewusstem (implizitem) Gebrauch des Gedächtnisses.

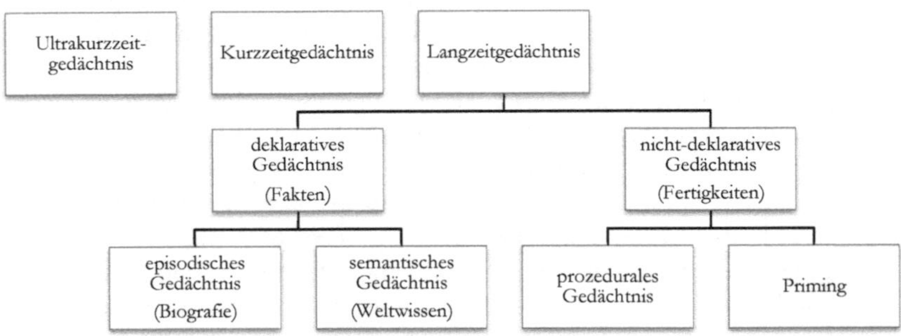

Abbildung 2: Gedächtnissysteme der Psychologie

So zählt z.B. Faktenwissen zum expliziten Gedächtnis, denn es wird bewusst gespeichert und wird willentlich abgerufen. Im Gegensatz dazu wird unbewusst Erinnertes nicht vorsätzlich registriert, sondern setzt sich aus meist mehreren Erfahrungen und Erlebnissen zusammen. Als Beispiel dafür kann man Knödel-Kochen nennen, denn obwohl man in zahlreichen Kochbüchern Rezepte findet, benötigt man genügend Übung und Erfahrung, um zu wissen, welche Konsistenz der Teig haben muss, damit die Knödel im Kochtopf nicht zerfallen. Aber auch explizit Erlerntes kann im Laufe der Zeit zu implizit Erinnertem werden: So werden die erforderlichen Bewegungsabläufe beim Erlernen von Stricken zwar bewusst eingeprägt, doch nach einiger Übung bereits ohne nachzudenken vollzogen.[7]

Die Werbung macht sich die unbewusste Informationsaufnahme zunutze. In Experimenten hat die Forschung herausgefunden, dass z.B. Wörter, die zuvor gelesen werden, denen man aber kaum Beachtung schenkt, später sehr wohl erinnert werden. Diesen Effekt nennt man Priming.[8] Er vollzieht sich in den Randbereichen unserer Wahrnehmung und erfolgt sogar im Schlaf oder bei Narkose.[9] Unbewusste Erinnerungen mögen zwar nicht in unser Bewusstsein dringen, haben aber dennoch (oder vielleicht gerade

---

7 Vgl. Zimbardo, S. 233 f.

8 Vgl. ebda, S. 250.

9 Vgl. Welzer, S. 27 f.

deswegen) einen großen Einfluss auf uns und unser Denken. Welzer erwähnt in diesem Zusammenhang die Weitergabe von Stereotypen am Beispiel von Kindern: Durch Beobachtung und Nachahmung übernehmen sie die Werte ihrer Eltern.[10]

Das sensorische bzw. Ultrakurzzeitgedächtnis befasst sich mit der Sinneswahrnehmung und filtert Eindrücke und Informationen. Hierbei unterscheidet man das ikonische Gedächtnis, das visuelle Reize verarbeitet, und das echotische Gedächtnis, das sich mit akustischen Informationen beschäftigt. Ersteres besitzt eine große Aufnahmefähigkeit, doch die Informationen werden nur für eine halbe Sekunde behalten.[11]

Ins Kurzzeit- oder Arbeitsgedächtnis gelangen jene Informationen, die benötigt werden, sich in der entsprechenden Situation zurechtzufinden und zu interagieren. Es ermöglicht, Handlungen und Sprache folgen sowie ausführen zu können und regelt die Aussonderung der eingehenden Reize. 1956 untersuchte George Miller die selektive Aufnahmefähigkeit genauer und er fand heraus, dass sie begrenzt ist. Durchschnittlich sieben (plus minus zwei) zufällig angeordnete Informationseinheiten, also Zahlen, Buchstaben und ähnliches, können im Arbeitsgedächtnis gespeichert werden.[12]

Natürlich gibt es auch Fakten, Erfahrungen, Gefühle, Geschehnisse und Handlungsabläufe, die länger, auch für ein ganzes Leben, erinnert werden. Diese befinden sich im Langzeitgedächtnis, das das gesamte Wissen um die Welt prägt.[13]

Die Gedächtnisinhalte des Langzeitgedächtnisses kann man grob in zwei Kategorien teilen: Bewegungsabläufe (prozedurales Gedächtnis) und Datenwissen (deklaratives Gedächtnis). So gehört Klavierspielen oder Radfahren zum ersteren, dem prozeduralen Wissen, das erlernte Fertigkeiten verwaltet. Man kann diese Fähigkeiten mit dem Begriff „knowing how" zusammenfassen, also das Wissen, <u>wie</u> etwas getan wird oder zu funktionieren hat.[14] Daten und Fakten, wie z.B. dass Wien die Hauptstadt von Öster-

10 Vgl. ebda, S. 29.

11 Vgl. Zimbardo, S. 236 ff.

12 Vgl. ebda, S. 239.

13 Vgl. ebda, S. 243.

14 Vgl. Erll, S. 84.

reich oder Feuer heiß ist, zählen zum deklarativen Wissen. Die Gedächtnisinhalte dieses Systems hinterlassen das Gefühl des „knowing what".[15]

Es gibt zwei Schulen, die das Gedächtnis je nach Inhalt einteilen. Die Schule um Larry Squire, die sich ursprünglich mit Tierforschung beschäftigt hat, teilt das Langzeitgedächtnis in deklaratives und nicht-deklaratives Wissen ein. Die Schule um Endel Tulving dagegen gliedert es hierarchisch in das episodisch-autobiographische Gedächtnis, dem das semantische untergeordnet ist. In ersterem werden Erfahrungen, Gefühle und Erlebnisse des eigenen Lebens gespeichert, während das semantische Gedächtnis Weltwissen speichert. Noch eine Stufe darunter sind das prozedurale Gedächtnis und das Priming.[16]

Die Beziehung zwischen semantischem und episodischem Gedächtnis ist nicht vollständig geklärt. Tulving vermutet eine hierarchische Überordnung des episodischen Gedächtnisses – und neueste Erkenntnisse bestätigen dies –, weil auch autobiographische Informationen bei der neuronalen Verarbeitung das semantische System durchlaufen.[17] Trotzdem können lebensgeschichtliche Inhalte und Weltwissen aber unabhängig voneinander abgerufen werden. Als Beispiel für die enge Verbindung zwischen dem semantischen und episodischen Wissen nennt Welzer eine fiktive Bekanntschaft aus Washington. Um sie in Erinnerung zu halten, registriert das semantische Gedächtnis die Stadt als Hauptstadt der Vereinigten Staaten, während das episodische die Daten rund um die Person speichert.[18]

2.1.2.2 Die physiologische Gliederung des Gedächtnisses

Bei der Erforschung des Gehirns und dessen Arbeitsweise beschränkte sich die Wissenschaft zunächst auf Obduktionen und Experimente an freigelegten Tierhirnen. Aber auch Menschen, deren Gehirn aufgrund eines Unfalls oder einer Krankheit in seiner Tätigkeit beeinträchtigt wird, gaben (und geben heute noch) Aufschluss über die Organisation sowie Funktion dieses Organs. Seit der Mitte des 20. Jahrhunderts erlauben zudem bildgebende Verfahren, einen Blick auf das arbeitende Gehirn zu werfen, wie

---

15 Vgl. Erll, S. 82.

16 Vgl. Markowitsch, S. 88.

17 Vgl. Erll, S. 83.

18 Vgl. Welzer, S. 104.

z.B. die Elektroenzephalografie (EEG), die Funktionelle Magnetresonanztomographie (fMRT) oder die Transkranielle Magnetstimulation (TMS). Dennoch konnten die Hirnstruktur und -aktivität noch nicht vollends entschlüsselt werden.

Zentral bei der Erforschung des Gehirns ist u.a. die Frage nach dem physiologischen Aufbau und der Arbeitsweise des Gedächtnisses. So nimmt die Theorie der Ekphorie an, dass Gedächtnisspuren (Engramme) sowie Abrufreize für die Enkodierung, Speicherung und den Abruf von Informationen zuständig sind.[19] Ein Engramm kann man sich als physiologisch eingravierte Spur vorstellen, die ein erinnerter Inhalt in der Struktur des Gedächtnisses hinterlässt. Laut den so genannten Lokalisationisten hat jedes Hirnareal eine bestimmte Funktion, welche sich lokal auf ein oder mehrere benachbarte Neuronen beschränkt (Großmutterneuron).[20] Die Erkenntnis, dass eine Nervenzelle auf einen gewissen Reiz anspricht, aber nicht auf einen anderen ähnlichen, unterstreicht diese Theorie.[21] Die neuere Forschung vertritt jedoch die Position der Anti-Lokalisationisten, die dem Gedächtnis keinen fixen Platz im Gehirn zuordnen, sondern von einem neuronalen Netzwerk sprechen.[22]

Die Neurobiologie geht also davon aus, dass sich Gedächtnisinhalte auf mehrere Teile des Gehirns erstrecken und durch neuronale Systeme miteinander verbunden sind. Dennoch können bestimmte Funktionen gewissen Arealen zugewiesen werden. So ist das Limbische System für Affekt- und zum Teil für Gedächtnisverarbeitung zuständig.[23] Das Kleinhirn ist wichtig für prozedurales Wissen sowie Inhalte, die durch Wiederholung und Konditionierungsprozesse angeeignet werden. Das Striatum ist zuständig für die Gewohnheitsbildung sowie für Reiz-Reaktions-Verbindungen. Sensorische Reize werden in der Großhirnrinde verarbeitet und miteinander verknüpft. Die Amygdala und der Hippocampus verwalten hauptsächlich das Wissen des deklarativen Gedächtnisses sowie Gedächtnisinhalte mit emotionaler Bedeutung. Aber auch der Thalamus, das basale Vorderhirn sowie

19 Vgl. Erll, S. 84.

20 Vgl. Markowitsch, S. 103 ff.

21 Vgl. ebda, S. 74 f.

22 Vgl. Erll, S. 85.

23 Vgl. Markowitsch, S. 19.

der präfrontale Cortex beteiligen sich an der Verarbeitung von Gedächtnisinhalten.[24]

Aufgrund von unterschiedlichen Messergebnissen von Gehirnaktivitäten vermutet man eine Differenzierung von örtlicher Informationsablagerung. Demnach unterscheidet das Gehirn zwischen positiven und negativen Erinnerungen und auch der Zeitpunkt der Speicherung prägt das Areal der Deponierung.[25]

2.1.3 Die drei Arbeitsprozesse des Gedächtnisses

Grob unterscheidet man drei Arbeitsschritte des Gedächtnisses: die Enkodierung, die Speicherung und den Abruf, die alle eng miteinander verbunden sind. Bei der Enkodierung verarbeitet das Gedächtnis das sensorisch Aufgenommene mittels Konzepten und Kategorien. Lernt man z.B. einen neuen Menschen kennen, fokussiert das Arbeitsgedächtnis die Aufmerksamkeit u.a. auf das Aussehen, den Namen und das Verhalten dieser Person. Das Gehirn vergleicht sie mit den erlernten und erfahrenen Konzepten und ordnet sie ein, z.B. das Geschlecht, Alter und Aussehen der soeben begegneten Person.[26]

Ob man sich nun aber noch morgen oder nächste Woche an diese Person erinnert, hängt von der Speicherung ab. Es gibt verschiedene Techniken zum Einprägen neuer Informationen, auf noch näher eingegangen wird. Der Prozess des Abrufens ist ein Sich-Erinnern, der (am ehesten) erfolgreich ist, wenn die Situation des Abrufs der der Speicherung ähnlich ist. Im konkreten Fall bedeutet das, dass man sich am leichtesten an die neu kennengelernte Person erinnert, wenn man sich die Situation des Kennenlernens vor Augen hält, d.h. sich die Lokalität, die Umstände, kurz die gesamte Situation vergegenwärtigt.[27] Das Gehirn nimmt also zunächst sensuelle Eindrücke und Informationen wahr (Aufnahme), klassifiziert und ordnet sie in Kategorien (Einspeicherung) und bewahrt sie dann auf (Ablagerung).

---

24 Vgl. Zimbardo, S. 266 ff.

25 Vgl. Markowitsch, S. 132 f.

26 Vgl. Kapitel 2.1.1 Was ist das „Gedächtnis"?

27 Vgl. Zimbardo, S. 235 f.

Letztendlich müssen die Informationen allerdings gefestigt werden (Konsolidierung), damit sie später erfolgreich erinnert werden können (Abruf).[28]

Das Enkodieren kann durch verschiedene Techniken optimiert werden: Die sog. erhaltende Wiederholung (maintenance rehearsal) besteht darin, sich die neuen Informationen ständig vor Augen zu halten, indem sie im Stillen wiederholt werden. Eine andere Methode nennt sich Chunking (chunk = bedeutungsvolle Informationseinheit) und basiert auf der Vergleichung und Gruppierung von Informationen, sodass sie eine neue Bedeutung erhalten, die man sich gut merken kann. So lässt sich die achtstellige Zahl 27021947 leichter einprägen, wenn sie gebündelt (27-02-1947) das Geburtsdatum einer bekannten Person darstellt.[29] Beide Theorien, also die erhaltende Wiederholung sowie das Chunking, unterstützen die Theorie der Verarbeitungstiefe, die besagt, dass Informationen besser erinnert werden, mit denen man sich ausführlicher befasst.[30]

Damit Gedächtnisinhalte abgerufen werden können, benötigt man so genannte Hinweisreize (retrieval cues), die entweder äußerlichen oder innerlichen Ursprungs sein können, d.h. man kann nach dem Geburtsdatum der Mutter gefragt werden oder sich selbst ohne äußerlichen Einfluss das Datum vergegenwärtigen. Man unterscheidet den Abruf, der die Reproduktion gespeicherter Informationen erfordert, und das Wiedererkennen, ein Sich-Erinnern bei Vorgabe mehrerer Lösungsvorschläge, wie z.B. bei einem Multiple-Choice-Test. Das Wiedererkennen hinterlässt das Gefühl, die Daten irgendwo schon einmal gesehen oder gehört zu haben. Da hier die Hinweisreize hilfreicher sind, ist die Wahrscheinlichkeit des Sich-Erinnerns beim Wiedererkennen größer als beim Abruf.[31]

Es muss beachtet werden, dass, wenn Informationen abgerufen werden, sie verändert werden, denn neu erworbenes Wissen fließt mit ein.[32] Jeder Abruf einer Information ist gleichzeitig eine neue Einspeicherung (Re-Enkodierung), weil aktuelles Wissen den alten Gedächtnisinhalt neu gestaltet. Das kann zu einer Modifizierung, aber auch zu einer Verzerrung, bis hin zur falschen Erinnerung führen. Die situative Lage mit ihrer Emotion, Intensität und ihren Umständen ist dafür verantwortlich. Hier vermutet

---

28 Vgl. Markowitsch, S. 102.

29 Vgl. Zimbardo, S. 239 f.

30 Vgl. ebda, S. 249.

31 Vgl. ebda, S. 244 f.

32 Vgl. Markowitsch, S. 83.

man z.B. den Grund für die frühkindliche Amnesie. Dass Menschen keine Erinnerungen an Erlebnisse, Gefühle oder Fakten vor dem dritten Lebensjahr haben, liegt wohl daran, dass der persönliche Zustand bei der Einspeicherung grundsätzlich verschieden ist im Vergleich zum Zeitpunkt des Abrufs.[33]

Erinnerungen sind keineswegs authentische Abdrücke des Erfahrenen, sondern subjektiv geprägte Rekonstruktionen desselben.[34] Sie werden massiv vom sozialen, kulturellen, historischen sowie emotionalen Hintergrund einer Person gelenkt. Die Soziologie weist auf den bedeutenden Zusammenhang zwischen dem Individuum und dessen sozio-kulturellem Milieu hin, welches das menschliche Denken und Handeln erheblich prägt.[35]

1932 veröffentlichte Sir Frederic Bartlett die Ergebnisse seiner Untersuchungen zu diesem Thema. Britische Studienanfänger wurden mit einem Märchen amerikanischer Indianer konfrontiert, wobei Inhalt und sprachlicher Ausdruck unverändert blieben. Beim Nacherzählen ersetzten nun die Probanden nicht nur einzelne sprachliche Begriffe (aus „Kanu“ wurde „Boot“), sondern sie passten auch inhaltliche Details ihrem eigenen Kulturkreis an (Textstellen mit Übersinnlichem wurden ausgeklammert). Bartlett unterscheidet drei verschiedene Arten des Abwandelns von Erinnerungen: das Vereinfachen einer Geschichte (Nivellierung), das Hervorheben bestimmter Einzelheiten (Akzentuierung) und das Anpassen des Inhalts an das eigene Wissen sowie den persönlichen Hintergrund (Assimilation).[36] Bartletts Experiment veranschaulicht den Umgang des menschlichen Gehirns mit Schemata, damit Informationen komfortabler enkodiert und nachhaltig deponiert werden können.

Abgespeichertes kann jedoch nicht immer korrekt abgerufen werden. Verantwortlich dafür sind in der Regel Unzulänglichkeiten während der Ausführung eines, mehrerer oder sogar aller drei Gedächtnisprozesse: der Enkodierung, der Speicherung und/oder des Abrufs.[37]

---

33 Vgl. Markowitsch, S. 84.

34 Vgl. Erll, S. 7.

35 Vgl. Kapitel 2.2.1 Das kollektive Gedächtnis nach Maurice Halbwachs.

36 Vgl. Zimbardo, S. 263.

37 Vgl. Erll, S. 84 f.

Dabei sind Gefühle von großer Relevanz. Die Intensität der erlebten Emotion wirkt sich auf das Ausmaß der Speicherung sowie den Abruf einer Information aus, da an ihr die Bedeutsamkeit der Information gemessen wird. Gefühle bestimmen also nicht nur, ob das neue Wissen abgespeichert werden soll, sondern auch die Genauigkeit einer Erinnerung. Sachverhalte, wie die Personenkonstellation, der genaue Handlungsablauf oder belanglose Details, können dabei so abgewandelt werden, dass sie nicht mehr mit dem eigentlichen Erfahrenen übereinstimmen, sondern dem Kontext angepasst werden. Die erlebten Emotionen werden dabei allerdings nicht verändert.[38]

Ein weiteres Phänomen beim Erinnerungsprozess ist die so genannte Quellenamnesie: Ein Erlebnis wird zwar korrekt wiedergegeben, doch der Ursprung der Erinnerung, also die Informationsquelle, wird verwechselt. Als Beispiel dafür wird oft die Schilderung eines Kriegserlebnisses des ehemaligen US-Präsidenten Ronald Reagan angeführt. Vor Publikum berichtete er sichtlich gerührt von einem Bomberpiloten, der mutig weder die getroffene Maschine noch seinen verwundeten Kameraden zurückgelassen habe. Einige Presseleute bemerkten jedoch, dass Reagan sich nicht an eine tatsächlich geschehene Begebenheit erinnerte, sondern eine Szene aus dem Film „A Wing and a Prayer“ aus dem Jahr 1944 nacherzählte.[39]

Individuelle, aber auch kollektive Vergangenheit ist keineswegs ein statisches Sujet, sondern verändert sich im Zuge sozialer Kommunikation. Mit jedem Abruf von Gespeichertem gestalten sich diese Erinnerungen neu, da sie vom gegenwärtigen emotionalen und sozialen Zustand sowie dem neu erworbenen Wissen beeinflusst und leicht verändert werden.[40]

Gespeichertes Wissen kann sowohl temporär nicht abrufbar sein als auch vollkommen abhandenkommen. Das Vergessen ist ein wesentlicher Faktor des Erinnerungsprozesses, der der Schemabildung des menschlichen Gedächtnisses, dem Selektieren von Daten sowie der psychischen Gesundheit zugutekommt. Anders als das Erinnern kann das Vergessen weder bewusst gesteuert noch mittels gezielter Schulung optimiert werden.[41]

---

38 Vgl. Welzer, S. 35 f.

39 Vgl. ebda, S. 42 f.

40 Vgl. ebda, S. 44.

41 Vgl. Erll, S. 7 f.

2.1.4 Das autobiographische Gedächtnis

Das autobiographische Gedächtnis entwickelt sich, sobald die nötigen sprachlichen Begriffe zu Planung und Konsequenz – und somit auch die Vorstellung von Vergangenheit, Gegenwart und Zukunft – erfasst sind. Die nötigen sozialen Voraussetzungen werden laut Katherine Nelson durch den so genannten „memory talk" gegeben, indem Erlebtes sprachlich rekonstruiert und reflektiert wird. Auf diese Weise können bei Kleinkindern Sich-Erinnern sowie Davon-Erzählen gefördert und emotional geprägt werden. Die Entwicklung des Spracherwerbs und des autobiografischen Gedächtnisses gehen dabei Hand in Hand. Nelson unterscheidet bei Kleinkindern drei verschiedene Arten des deklarativen Gedächtnisses: Ereignisse, deren Verlauf ihnen bekannt ist, gehören zum generic event memory, einzelne neue Begebenheiten zählen zum episodic memory und das autobiographical memory umfasst Geschehnisse, die ein Kind als erlebt wiedererkennt. Letzteres entwickelt sich nicht vor dem dritten Lebensjahr, wohl deswegen können die Jahre davor nicht erinnert werden. Man spricht in diesem Zusammenhang von kindlicher Amnesie. Doch Nelson wie auch Sigmund Freud mutmaßen, dass frühkindliche Erinnerungen nur ins Unterbewusstsein verdrängt wurden und daher trotzdem auf uns wirken.[42]

Die Fähigkeit, autobiographisch zu erzählen, wird nicht vor dem Ende der Jugendzeit erreicht, da unsere Erwartung an eine autobiographische Erinnerung Glaubwürdigkeit sowie Sinnhaftigkeit beinhaltet. Sie ist also erlernt und erlernbar. Da sie ebenso von sozialer Bedeutung ist, kann sie kulturell verschieden erlernt werden.[43]

Frühkindliche und erwachsene Erinnerungen unterscheiden sich v.a. in den Details. Kinder merken sich Einzelheiten, die Erwachsene kaum wahrnehmen. Außerdem behalten sie eher allgemeine Routineerlebnisse als einmalige Ereignisse.[44]

Ein weiteres bedeutendes Experiment in der Gedächtnisforschung ist der „lost in the shopping mall"-Test. Probanden wurden eine Reihe von Kindheitserlebnissen vorgelegt, die ein naher Verwandter desselben rekonstruiert hatte. Doch eine Begebenheit war erfunden – und zwar dass die Testperson als Kind in einem Einkaufszentrum verloren gegangen sein soll.

---

42 Vgl. Welzer, S. 91 ff.

43 Vgl. ebda, S. 101.

44 Vgl. ebda, S. 94.

29% der Versuchspersonen beteuerten aber, diesen Vorfall erlebt zu haben. Bei näherer Befragung gaben sie sogar Details sowie eine genaue Schilderung des tatsächlich nie passierten Geschehnisses an. Wie es zu solchen Verzerrungen und falschen Erinnerungen kommen kann, untersuchte die US-amerikanische Psychologin Elizabeth Loftus. Sie fand heraus, dass auch fiktive Erlebnisse, wenn sie sehr emotional sind und oft thematisiert werden, fälschlicherweise zu eigenen Erinnerungen werden können. Von mutmaßlichen Falschaussagen kann nicht die Rede sein, denn die Person empfindet diese Erlebnisse als authentisch und autobiographisch (sogar vielleicht authentischer als wirklich Erlebtes, weil sie mit starken Gefühlen verbunden werden). Darum muss die Frage gestellt werden, inwiefern autobiographische Zeugnisse die Realität widerspiegeln, z.B. bei Erzählungen von Kriegsveteranen oder bei spät entdecktem Kindesmissbrauch.[45]

Zahlreiche Untersuchungen, allen voran Bartletts Experiment[46], belegen, dass Menschen allem Erfahrenen eine Bedeutung zuschreiben. Erlebtes wird mit einer Emotion, einem Konsens oder einer Conclusio versehen. Dabei kann es vorkommen, dass zugunsten einer Sinngebung die realen Fakten verändert werden. Vermeintlich Sinnleeres kann im Gedächtnis so verändert werden, dass dem Geschehen eine Bedeutung zugewiesen wird. Man nennt diese Besonderheit „effort after meaning".[47]

Autobiografisches Erzählen ist sehr subjektiv und fällt je nach Kommunikationssituation und/oder -partnerInnen verschieden aus.[48] Das autobiographische Ich setzt sich aus jeglichen Erinnerungen zusammen und obwohl diese äußerst unterschiedlich sind, entsteht das Gefühl eines einheitlichen Ichs.[49]

2.2 Das soziale Gedächtnis

Nicht nur Einzelpersonen verfügen über die Fähigkeit, Erlebtes und Erfahrenes zu erfassen, zu speichern und als Erinnerung abzurufen, sondern

45 Vgl. Welzer, S. 32 f.

46 Vgl. Kapitel 2.1.3 Die drei Arbeitsprozesse des Gedächtnisses.

47 Vgl. Welzer, S. 159 ff.

48 Vgl. ebda, S. 202.

49 Vgl. ebda, S. 205.

auch ein Kollektiv, z.B. Völker, Interessensgemeinschaften verschiedener Art oder Generationen.

Die folgenden zwei Kapitel befassen sich mit zentralen Theorien zum sozialen Gedächtnis eingehen: Maurice Halbwachs' These des kollektiven Gedächtnisses sowie Jan Assmanns Unterteilung zwischen kommunikativem und kulturellem Gedächtnis.

2.2.1 Das kollektive Gedächtnis nach Maurice Halbwachs

Der französische Soziologe Maurice Halbwachs beschäftigte sich über Jahrzehnte hinweg mit dem Thema Gedächtnis und veröffentlichte dazu drei Werke.[50] Entgegen der Meinung zahlreicher Zeitgenossen stellte er einen Zusammenhang zwischen individuellem Gedächtnis und soziokulturellem Umfeld her. Sein Lehrer Henri Bergson sowie Sigmund Freud sahen dagegen das Erinnern als rein subjektiven Prozess an.[51]

Halbwachs unterstrich die soziale Bedingtheit des menschlichen Erinnerns und prägte den Begriff des kollektiven Gedächtnisses. Er erkannte, dass sich einzelne persönliche Erinnerungen zu einem kollektiven Gedächtnis verknüpfen können. Dieses umfasst soziale, nationale, politische oder religiöse Bereiche, da eine Person mehreren Gruppen angehören kann. So konstruiert sich z.B. aus unterschiedlichen Aussagen von Zeitzeugen ein kollektives Gedächtnis über den Zweiten Weltkrieg oder aus den Erfahrungen verschiedener Generationen das gemeinsame Gedächtnis einer Familie. Individuelles und kollektives Gedächtnis stehen in wechselseitiger Beziehung zueinander: Genauso wie die einzelnen Personen eine Gruppe formen, wirkt sich das Kollektiv in politischer, sozialer und kultureller, aber auch in persönlicher Hinsicht aus. Mittels Kommunikation und Interaktion prägt die Gruppe das Gedächtnis ihrer Mitglieder. Erinnert wird also das, was sprachlich in der Gemeinschaft aufgearbeitet wird.[52] Der so-

---

50 „Les cadres sociaux de la mémoire" (Das Gedächtnis und seine sozialen Bedingungen), „La mémoire collective" (Das kollektive Gedächtnis) und „La Topographie légendaire des Èvangiles en Terre Sainte" (Stätten der Verkündigung im Heiligen Land).

51 Vgl. Erll, S. 15.

52 Vgl. J. Assmann, S. 36 f.

ziale Rahmen, der dabei mitwirkt, besteht größtenteils aus Menschen und Denkstrukturen, die den Einzelnen umgeben.[53]

Trotz der engen Verbindung zwischen dem einzelnen und gemeinsamen Gedächtnis pocht Halbwachs auf die Trennung beider Begriffe und definiert nicht das Erinnern selbst als einen individuellen Vorgang, sondern die Emotionen, die damit verbunden sind.[54] Die Träger des Kollektivgedächtnisses sind in Raum und Zeit eingebettet, d.h. sie sind an die eigene Lebensdauer sowie die räumlichen Grenzen ihres Daseins gebunden. Eine Epoche folgt der nächsten mit all ihren politischen, gesellschaftlichen und kulturellen Umbrüchen und Besonderheiten. Daher bleibt das kollektive Gedächtnis nicht konstant, sondern verändert sich laufend. Wenn Vergangenheit nicht mehr von ihren Mitgliedern erfasst wird, weil sich keines mehr zurückerinnern kann, setzt die Geschichte ein.[55]

Halbwachs trennt strikt zwischen kollektivem Gedächtnis und Geschichte. In der Mitte kollektiver Erinnerung steht die Identitätsbildung einer sozialen Gruppe: Diese bewahrt und erinnert das, was mit ihrem Selbstbild und ihren Anliegen kongruiert. Sie stellt fortwährend den Bezug zur Gegenwart her und wägt die Interessen des Kollektivs ab, was allerdings zu Abweichungen, Verzerrungen oder gar zu Unwahrheiten führen kann.[56] Ein Familiengedächtnis speichert demnach jene Informationen, die mit ihren politischen und/oder religiösen Überzeugungen und/oder ihrer Stellung in der Gesellschaft übereinstimmen. So kann der nationalsozialistische Großonkel entweder aus der gemeinsamen Erinnerung gestrichen oder aber seine politische Gesinnung abgeändert werden, da ein begeisterter Hitler-Anhänger innerhalb der Familie in der heutigen Zeit ein schlechtes Licht auf sie werfen könnte. Geschichte dagegen besteht laut Halbwachs aus einer Aufreihung von Fakten und Daten, die zwar bedeutende Umwälzungen der vorherrschenden Verhältnisse angeben, allerdings veränderungsarme Perioden sowie Einzelschicksale vernachlässigt.[57]

Halbwachs fordert jedoch nicht nur eine klare Trennung von kollektivem Gedächtnis und Geschichte, sondern auch von Tradition. Diese definiert er als Verformung der Erinnerung. Jan Assmann jedoch grenzt die Begriffe

53 Vgl. Erll, S. 15.

54 Vgl. J. Assmann, S. 37.

55 Vgl. ebda, S. 43 ff.

56 Vgl. Erll, S. 17.

57 Vgl. ebda, S. 16 f.

„kollektives Gedächtnis“ und „Tradition“ nicht so streng voneinander ab. Er und seine Frau Aleida haben daher Halbwachs‘ These modifiziert und sie einer weiteren Differenzierung unterzogen.[58]

2.2.2 Das kommunikative und kulturelle Gedächtnis nach Jan Assmann

Der Ägyptologe Jan Assmann und seine Frau Aleida, eine Literaturwissenschaftlerin, beschäftigten sich mit Halbwachs‘ These des kollektiven Gedächtnisses und konzipierten daraufhin die Begriffe „kommunikatives und kulturelles Gedächtnis“: Hierbei unterscheiden sie zwischen einem Gedächtnissystem, das sich über die Alltagskommunikation definiert, und einem anderen, das institutionalisiert und objektiviert wird.[59]

Ersteres bezeichnen sie als das kommunikative Gedächtnis, als dessen Beispiel das bereits erwähnte Familiengedächtnis genannt werden kann. Es speichert die nahe, selbst erlebte Vergangenheit, besteht also aus einzelnen Biographien, deren Inhalt nur so lange existiert wie der Träger selbst. Verstirbt dieser, verblassen auch die Inhalte seiner Erinnerung. Das kommunikative Gedächtnis reicht drei bis vier Generationen, ca. 80 Jahre, zurück, wobei bei etwa vierzig Jahren ein kritischer Punkt erreicht wird. Findet zu ungefähr diesem Zeitpunkt kein interaktiver Wissensaustausch statt, können diese Informationen nicht an die nachfolgende Generation weitervermittelt werden und gehen verloren. Der Übergang von einem Abschnitt zum nächsten ist meist gekennzeichnet von schriftlichen Darlegungen der ältesten Mitglieder. Sie spüren oft den Drang, ihre Erinnerungen und Erfahrungen nicht nur mündlich zu überliefern, sondern durch eine Verschriftlichung den Informationserhalt zu sichern. Das kommunikative Gedächtnis basiert also nicht auf faktischer, sondern auf erinnerter und lebendiger Vergangenheit.[60]

Das institutionalisierte Gedächtnis wird als kulturelles Gedächtnis bezeichnet. Es beschäftigt sich mit einer vorzeitlichen Urgeschichte, die symbolträchtig und sakral zelebriert wird. Das kulturelle Gedächtnis findet sich z.B. in der Religion Israels oder der Wissenschaft Griechenlands wieder.

---

58 Vgl. J. Assmann, S. 45.

59 Vgl. Erll, S. 27.

60 Vgl. J. Assmann, S. 50 ff.

Träger dieses Gedächtnisses können Priester, Schamanen oder Archivare sein – Fachmänner, die sich im Laufe jahrelangen Studiums Sachkompetenz aneignen. Ihre Rolle ist elitär, denn die anderen Mitglieder der Gesellschaft nähern sich meist nur über Feste und Rituale diesem Wissen. Diese Kulte, die streng einer symbolhaften Kodierung in Kleidung, Tänzen, Gesängen, Gebeten u.ä. unterliegen, dienen dem Erhalt des kulturellen Gedächtnisses.[61]

Jan Assmann unterscheidet außerdem zwischen kalten und heißen Gesellschaften, basierend auf den Gedanken des französischen Ethnologen Claude Lévi-Strauss. Kalte Gesellschaften klammern sich an ihre Geschichte und versuchen, den gegenwärtigen Einfluss durch historische Umwälzungen zu tilgen. Um die Erinnerung von äußeren Veränderungen freizuhalten, machen sie sich die Schrift und Herrschaftsinstitutionen zunutze. Sie sind statisch auf ihre mythische Erinnerungskultur fixiert. Heiße Gesellschaften dagegen nehmen den Wandel der Zeit offen auf und benutzen diesen zur laufenden Veränderung ihrer Struktur. Allerdings lassen sich Kulturen nicht derart rigoros klassifizieren, sondern sie weisen meist verschiedene Merkmale von kalten sowie heißen Gesellschaften gleichzeitig auf.[62]

---

61 Vgl. J. Assmann, S. 52 ff.

62 Vgl. ebda, S. 68 ff.

3 Gedächtnis und Literatur

3.1 Gemeinsamkeiten und Unterschiede von Gedächtnis und Literatur

Die Philologin Astrid Erll nennt drei zentrale Schnittpunkte von Literatur und kollektivem Gedächtnis: Die Verdichtung, die Narration und das Gattungsmuster.

In der Literatur werden z.B. die Metaphorik, die Intertextualität oder die Allegorie als Verdichtung bezeichnet. Aber nicht nur die Literatur, sondern auch die Geschichte kennt das Phänomen der Verdichtung.[63] Das kollektive Gedächtnis verknüpft bedeutende Ereignisse mit einem bestimmten Topos, einem Symbol oder einer Persönlichkeit und speichert diese Assoziationen ab. So ist z.B. das Hakenkreuz mit der Zeit des Nationalsozialismus fest verankert oder John F. Kennedys Aussage „Ich bin ein Berliner" wird stets mit der Solidarität des amerikanischen Präsidenten mit dem westdeutschen Volk nach dem Mauerbau in Verbindung gebracht. Allerdings benötigt der/die RezipientIn in allen Symbolsystemen den kontextuellen Bezug, um die Anspielung zu verstehen.[64]

Wie bereits erläutert, findet bei der Aufnahme, Bearbeitung sowie Speicherung von Informationen im individuellen als auch im kollektiven Gedächtnis eine Selektion statt. Dabei können zugunsten der Sinnstiftung fiktive Elemente hinzugefügt werden. Dieser Prozess vollzieht sich auch in literarischen Texten und wird von Erll als Narration bezeichnet.[65]

Eine weitere Gemeinsamkeit von Literatur und kollektivem Gedächtnis ist das so genannte Gattungsmuster. Kulturell und historisch entstandene Muster und Normen prägen persönliches sowie gemeinschaftliches Erin-

63 Maurice Halbwachs spricht in diesem Zusammenhang von „verdichteten Vorstellungen", Pierre Nora von „Erinnerungsorten" und Jan Assmann von „Erinnerungsfiguren" (vgl. Erll, S. 144).

64 Vgl. Erll, S. 144.

65 Vgl. ebda, S. 145.

nern. Literatur nimmt nicht nur diese existierenden Gattungsmuster auf, sondern beeinflusst das kollektive Gedächtnis auch mit neuen Formen.[66] Dabei muss beachtet werden, dass Gattungen von AutorInnen, LeserInnen sowie KritikerInnen künstlich produziert werden.[67]

Literatur und Gedächtnis berühren sich also in der Verdichtung, der Narration und den Gattungsmustern. Literatur und die Gedächtnismedien anderer Symbolsysteme – wie die Geschichtsschreibung, Gesetzestexte oder mythische Erzählungen – unterscheiden sich in ihrem Grad der Fiktion, der Interdiskursivität sowie der Polyvalenz.[68]

Die Fiktionalität ist ein Privileg der Kunst, obwohl sie in Mythen, Sagen und Legenden auch in der Geschichte vorhanden ist. Diese büßen dadurch jedoch an Authentizität sowie Objektivität ein und gelten als unzuverlässige Quellen. Darin liegt dementsprechend der Unterschied zwischen historischer Geschichtsschreibung und fiktiver Vergangenheitsschilderung wie z.B. der Autobiographie.[69] Fiktion kann somit die Verbindungslinie zwischen faktischer Geschichte und Kunst im Allgemeinen darstellen.

Während die Literatur verschiedene Diskurse einer Kultur ausdrücken und kombinieren kann, bleiben andere Medien des kollektiven Gedächtnisses in dieser Hinsicht einseitig.[70] Auch in ihrer Polyvalenz übertrifft die Kunst andere Gedächtnismedien, denn sie besitzt mehrere Ausdrucksarten und verfügt über verschiedene Darstellungsmöglichkeiten der Vergangenheit.[71]

3.2 Das Gedächtnis der Literatur

Das Gedächtnis der Literatur zeigt sich laut Astrid Erll und Ansgar Nünning auf zwei unterschiedliche Weisen: Zum einen hat Literatur ein Gedächtnis (genitivus subjectivus), das sich aus Intertextualität, Topiken sowie Gattungen zusammensetzt. Zum anderen wird an Literatur erinnert

---

66 Vgl. Erll, S. 146.

67 Vgl. Erll, Nünning, S. 74.

68 Vgl. Erll, S. 147.

69 Vgl. ebda, S. 147 f.

70 Vgl. ebda, S. 148.

71 Vgl. ebda, S. 148.

(genitivus objectivus), indem ein literarischer Kanon gebildet und Literaturgeschichte geschrieben wird.[72]

Den Begriff „Gedächtnis der Literatur" prägte Renate Lachmann und meinte damit in erster Linie die Intertextualität. Der Bezug auf vorangegangene literarische Ausdrucksweisen, wie andere Texte, Gattungen oder Symbole, konstituieren das Gedächtnis der Literatur, denn sie erinnern Literatur an sich selbst.[73] Aby Warburg spricht in diesem Zusammenhang von „De- und Resemiotisierung"[74] von Symbolen in Kunst und Literatur, also einem Wiederkehren von bedeutenden Elementen in Kunstwerken.[75]

Durch ihre eigene Geschichtsschreibung als auch die Hervorhebung bedeutender Werke wird an Literatur erinnert. Seit den 80er Jahren des 20. Jahrhunderts wird allerdings Kritik laut, dass die Literaturgeschichte und der literarische Kanon – künstlich und selektiv entworfen – keine objektive Darstellung des literarischen Lebens sind. Vor allem die feministische Literaturwissenschaft bemängelt die Vernachlässigung von literarischen Randphänomenen und politischen, sozialen oder religiösen AußenseiterInnen.[76] Literaturgeschichte und literarischer Kanon sind die gesellschaftlich geprägte Reflexion einer Kultur und somit historisch wandelbar. Die Literaturwissenschaft gestaltet und überliefert das kulturelle Gedächtnis, daher spiegelt sie lediglich die Charakteristika einer Epoche wider und bietet keinen objektiven Überblick.[77] So schafften es z.B. weibliche Schriftstellerinnen in den letzten Jahrhunderten kaum in den Kanon deutscher Literatur – nicht weil sie nicht produktiv oder aktiv gewesen wären, sondern aufgrund der sozialen Stellung der Frau. Auch Trivialliteratur fand und findet schwer Einzug in die Literaturgeschichte, da sie seit Martin Opitz als literarisch minderwertig gilt.[78]

---

[72] Vgl. Erll, Nünning, S. 3.

[73] Vgl. ebda, S. 2 f.

[74] Zitiert nach Erll, S. 65.

[75] Vgl. Erll, S. E64 f.

[76] Vgl. Erll, Nünning, S. 3.

[77] Vgl. Erll, S. 69.

[78] Vgl. Neuhaus: Grundriss der Literaturwissenschaft, S. 178 f.

3.3 Gedächtnis und Medien

Medien haben einen großen Einfluss auf das individuelle sowie kollektive Gedächtnis. Sie prägen auf sozialer Ebene mittels Interaktion sowie Kommunikation und wirken über die Massenmedien auf Erzähl- und Gattungsmuster. Sie speichern und tradieren Informationen über Printmedien, Hörfunk, Fernsehen und Internet – ob mündlich, schriftlich oder bildlich. Allerdings sind sie keineswegs objektiv, denn sie beeinflussen mit ihrer Form das gespeicherte Wissen[79] und unterliegen auch historischen und kulturellen Bedingungen.[80]

Für das kollektive Gedächtnis sind Medien unabdingbar. Sie verhelfen ihm erst zu seiner Beschaffenheit, denn Medien ermöglichen, dass einzelne individuelle Erkenntnisse und Erfahrungen sich zu einem großen Ganzen, dem kollektiven Gedächtnis, zusammenschließen. Dieses braucht Medien, nicht nur um überhaupt zu entstehen, sondern auch um erhalten zu bleiben.[81] Umgekehrt dringt auch der/die Einzelne über die Medien zum kollektiven Wissen vor, das, wie erwähnt, aus individuell zusammengeführten Kenntnissen besteht.[82]

Erll unterscheidet drei verschiedene Funktionen der Medien des kollektiven Gedächtnisses: die Speicherung, die Zirkulation und den Abrufreiz.

Die Speicherung zielt auf den Erhalt von Informationen ab. Diese Art von Tradierung ist jedoch statisch und kann eventuell die Kodierung zu einem späteren Zeitpunkt behindern, da Schrift oder Symbolik nicht mehr verstanden werden können.[83]

Während eine Speicherung die kulturelle Kommunikation über die Zeit hinweg sichert, wird sie bei der Zirkulation über räumliche Distanzen ermöglicht. So zählen z.B. der Buchdruck, Zeitschriften, Fernsehen oder das Internet, also Massenmedien, zu solchen Informationsträgern.[84]

---

79 Vgl. Erll, S. 123 f.

80 Vgl. Erll, Nünning, S. 252.

81 Vgl. ebda, S. 251.

82 Vgl. ebda, S. 257.

83 Vgl. ebda, S. 254.

84 Vgl. ebda.

Speichermedien dienen nicht nur der Tradierung, sie werden selbst zum Gegenstand der Erinnerung, wie z.B. das Epos „Ilias" oder die Bibel. Sie erhalten nämlich nicht nur Informationen, sondern stellen selbst Bezugsreferenzen dar. Zirkulationsmedien unterscheiden sich in diesem Punkt, da sie ihre Hauptfunktion, Informationen zu verbreiten, für gewöhnlich nicht überschreiten.[85]

Die psychologische Gedächtnisforschung spricht von so genannten „cues", Abrufreizen[86], die nicht nur auf individueller, sondern auch auf der Ebene des kollektiven Gedächtnisses funktionieren. Hier sind es v.a. Orte oder Landschaften, die Erinnerungen oder Informationen präsent werden lassen. Die Reize werden von der Gesellschaft bestimmt, die Erinnerungen sind jedoch individuell verschieden und hängen von den persönlichen Erfahrungen, dem Wissensstand und der eigenen Ideologie ab. So unterscheiden sich die Gedanken eines Südtiroler Kriegsveteranen völlig von denen eines jugendlichen Süditalieners beim Anblick des Siegesdenkmals in Bozen. Fotos sind wohl die bedeutendsten Abrufreize im Familiengedächtnis. Die abgebildeten Menschen, Orte oder Gegenstände rufen Erinnerungen wach – jedoch nur bei denen, die das nötige Hintergrundwissen besitzen. Fremde können auf diesen gruppenspezifischen Informationsbestand nicht ohne weiteres zugreifen.[87]

Speicher-, Zirkulationsmedien und Abrufreize wirken auf die persönliche Wahrnehmung sowie auf das individuelle Gedächtnis. Erll vergleicht ihren Einfluss mit den „cadres sociaux", den sozialen Rahmenbedingungen[88], und bezeichnet sie daher als „cadres médiaux", als mediale Rahmenbedingungen. Halbwachs führt hierzu ein Beispiel eines Mannes an, der zum ersten Mal London besichtigt und dennoch nicht unvoreingenommen die Sehenswürdigkeiten betrachtet. Hat er bereits von ihnen gehört oder gelesen, dann wurde seine Wahrnehmung dadurch in eine bestimmte Richtung gelenkt. Genauso verhält es sich mit den Speicher- und Zirkulationsmedien sowie den Abrufreizen. Auch sie fertigen einen Rahmen vor, der Einfluss auf ihre NutzerInnen ausübt.[89]

---

85 Vgl. Erll, Nünning, S. 255.

86 Vgl. Kapitel 2.1.3 Die Arbeitsprozesse des Gedächtnisses.

87 Vgl. Erll, Nünning, S. 255 f.

88 Vgl. Kapitel 2.2.1 Das kollektive Gedächtnis nach Maurice Halbwachs.

89 Vgl. Erll, Nünning, S. 256 f.

Literatur gilt als ein solcher medialer Rahmen und kann als Speichermedium (kulturelle Texte), als Zirkulationsmedium (kollektive Texte), aber auch als Abrufreiz wirken. Literatur übt auf das Gedächtnis die gleiche Wirkung aus wie eine reale Kommunikationssituation. Beweis dafür sind falsche Erinnerungen, die auf Texte oder Filme zurückzuführen sind.[90] Literatur ist aufgrund ihrer Struktur in der Lage, autobiographische Erinnerungen zu verändern, da sie sehr authentisch wirkt, indem dem Gelesenen Form und Bedeutung gegeben wird.[91]

Ein kultureller Text zeichnet sich laut Aleida Assmann durch seinen Rezeptionsrahmen aus. Er kann mündlich, schriftlich oder auch bildlich dargelegt werden, doch bedeutend ist seine kulturelle Identitätsstiftung. Durch die Auseinandersetzung mit dem kulturellen Text findet das Individuum Eingang in das Kollektiv, wobei das angeführte Wissen oft vorbehaltlos angenommen wird. Er ist nicht nur Speichermedium, sondern wird selbst zum Referenzmedium. Als klassisches Beispiel für einen kulturellen Text nennt Assmann die Bibel.[92]

Dem gegenüber steht der kollektive Text, also Literatur als Zirkulationsmedium. Dazu gehören alle nicht-kanonischen Texte, etwa die Populärliteratur, z.B. historische Romane, Abenteuerromane oder Autobiographien.[93]

Literatur gilt also als Medium des Gedächtnisses, wobei Erll – je nach Rhetorik des Textes – unterschiedliche Modi aufzählt: Der historisierende Modus tritt ein, wenn von einem abgeschlossenen Ereignis erzählt wird, das dem kulturellen Wissen zugeordnet wird. Werden unterschiedliche Positionen in z.B. politischer oder sozialer Hinsicht literarisch dargestellt, spricht man vom antagonistischen Modus. Im reflexiven Modus wird durch retrospektives Erzählen eine kulturelle Selbstanalyse geboten.[94]

Der erfahrungshaftige Modus teilt bestimmte Kriterien mit dem kommunikativen Gedächtnis, z.B. die Darstellung von Personen, ihr Handeln und ihre Emotionen, die in historische Epochen eingebettet sind. Ähnlichkeiten mit dem kulturellen Gedächtnis findet man dagegen beim monumenta-

90 Vgl. Kapitel 2.1.4 Das autobiographische Gedächtnis.

91 Vgl. Erll, Nünning, S. 258 ff.

92 Vgl. ebda, S. 260 ff.

93 Vgl. Erll, S. 158 f.

94 Vgl. ebda, S. 168.

len Modus, wenn Literatur symbolische Botschaften kodiert und tradiert. So sind fingiertes mündliches Erzählen oder gruppenspezifische sprachliche Ausdrücke ein Hinweis auf den erfahrungshaftigen Modus. Dazu gehört auch die Erwähnung von Medien des kommunikativen Gedächtnisses, wie z.B. Fotos oder Tonbandaufnahmen, während Denkmäler oder heilige Schriften, also Medien des kulturellen Gedächtnisses, auf den monumentalen Modus hinweisen.[95]

Die verschiedenen Modi kann man also anhand sprachlicher und literarischer Mittel erkennen, wie z.B. der Intertextualität, Figurenkonstellation oder Symbolik.[96]

3.4 Literarische Inszenierung von Gedächtnis und Erinnern

Paul Ricœur hat sich mit dem gegenseitigen Einfluss von Literatur und der außertextuellen Welt beschäftigt und das Konzept des „Kreises der Mimesis" erstellt. Dieser besteht aus drei Ebenen: Literatur beruft sich auf die außerliterarische Wirklichkeit und gestaltet sich durch deren Nachahmung (Präfiguration). Erinnerungen und Identitäten können literarisch dargestellt werden (Konfiguration), was sich wiederum auf die Realität außerhalb der Texte auswirken kann (Refiguration).[97] Laut Ricœur stehen also Literatur und reale Welt in Wechselbeziehung zueinander.

Der französische Literaturwissenschaftler Gérard Genette unterscheidet drei Hauptkategorien zur literarischen Darstellung von Zeit: die Ordnung, die Dauer und die Frequenz. Die Ordnung bestimmt die Reihenfolge der Geschehnisse (story) und ihre Schilderung im Text (discourse). Die Autobiographie gilt als klassisches Beispiel dafür, denn sie reiht in der Regel die Ereignisse chronologisch. Damit soll die Entwicklung der Figur betont werden.[98]

Die Dauer beschäftigt sich mit der Zeitspanne, die im Text beschrieben wird, und der dafür benötigten Seitenanzahl.[99] Roland Barthes vergleicht

---

95 Vgl. Erll, S. 169 f.

96 Vgl. ebda, S. 168.

97 Vgl. Erll, Gymnich, Nünning, S. IV.

98 Vgl. Erll, Nünning, S. 125 f.

99 Vgl. ebda, S. 128.

das Leben mit einer Erzählung: Beide haben einen Anfang und ein Ende, nur die Zeit verstreicht auf unterschiedliche Art, denn literarische Texte können die Zeit komprimieren oder dehnen. Günther Müller und Eberhard Lämmert differenzieren zwischen Erzählzeit und erzählter Zeit. Wenn beide kongruieren, wie bei einer direkten Rede, spricht man von zeitdeckendem Erzählen. Zeitdehnend nennt man z.B. Beschreibungen, bei denen die Erzählzeit länger ist als die erzählte Zeit. Im umgekehrten Fall bezeichnet man die gekürzte Zeit als zeitraffendes Erzählen, wie bei Ellipsen.[100]

Als Frequenz bezeichnet man das Verhältnis von Geschehnissen und Erzähltem. So bedeutet iteratives Erzählen, dass Begebenheiten, die mehrmals erlebt werden, nur einmal erzählt werden. Die Gedächtnisforschung kennt diese Vorgehensweise beim Erinnerungsprozess sehr gut und Philippe Lejeune macht auf ihre Verwendung in autobiographischen Texten aufmerksam. Passiert etwas nur einmal und wird dies auch nur einmal beschrieben, spricht man von singulativem Erzählen. Repetitiv nennt man das wiederholte Schildern von einem einzigen Ereignis.[101]

Die klassische Erzählform des literarischen Erinnerns ist die Ich-Perspektive, die sofort an nicht-fiktionale Gattungen der Literatur denken lässt, wie das Tagebuch, Briefe oder die Autobiographie. Die Ich-Erzählung ist introspektiv, d.h. sie gewährt einen Blick auf das Innenleben der Figur.[102] Außerdem gehört hier der Erzähler zur Welt der Figuren.[103] Er berichtet meist zurückblickend, wodurch zwischen den geschilderten Ereignissen und dem Zeitpunkt der Schilderung eine gewisse Zeitspanne liegt. Daher kann man zwei Seiten des lyrischen Ichs unterscheiden: das erinnernde Ich, das erzählt, sowie das erlebende Ich, das als Figur im Text agiert. Das erinnernde Ich betrachtet retrospektiv das erlebende Ich mit einem größeren Wissens- und Erfahrungsschatz, die es aufgrund der im Text beschriebenen Geschehnisse erworben hat und die das erlebende Ich erst erwerben muss.[104] Bei Ich-Erzählungen spricht man allerdings oft vom unzuverlässigen Erzähler. Denn die Objektivität und Glaubwürdigkeit ei-

[100] Vgl. Grundzüge der Literaturwissenschaft, S. 296 ff.

[101] Vgl. Erll, Nünning, S. 129 f.

[102] Vgl. Vogt: Aspekte erzählender Prosa, S. 69 f.

[103] Vgl. Erll, Nünning, S. 134.

[104] Vgl. Vogt: Aspekte erzählender Prosa, S. 72.

ner involvierten Person ist zweifelhaft. Der Erzähler gilt aber bereits dann als zuverlässig, wenn er zugibt, sich nicht an alles erinnern zu können.[105]

Auch Örtlichkeiten können der literarischen Inszenierung von Erinnerung dienen, da sie mit bestimmten Ereignissen oder einem Zeitabschnitt eng verbunden sind. Besucht also eine Person einen bestimmten Ort ihrer eigenen Vergangenheit oder der kollektiven Erinnerung, werden Assoziationen an Geschehenes geweckt. Das Verstreichen der Zeit wird entweder durch die Veränderung des Raumes oder durch die Entwicklung der Figur bewusst gemacht. Somit wird der Raum zum Messgerät der Zeit. Doch auch der Körper kann Vergangenes präsent halten. So weisen körperliche Veränderungen wie Narben auf Begebenheiten in der Vergangenheit hin.[106] Die erinnerungstragende Räumlichkeit wird so zum „Scharnier zwischen verschiedenen Zeitebenen".[107]

3.4.1 Die Autobiographie

Erzählen ist in erster Linie die sprachliche Auseinandersetzung mit autobiographisch Erlebtem und Erfahrenem: Man teilt der Vergangenheit rückwirkend einen Sinn zu, versucht diesen anderen zu vermitteln und verwendet dabei rhetorische Mittel sowie literarische Strukturen. Autobiographisches Erzählen ist wohl die ursprünglichste Form von Literatur.

Georg Misch definiert die Autobiographie als „die Beschreibung (graphia) des Lebens (bios) eines Einzelnen durch diesen selbst (auto)".[108] Unabdingbar für eine Autobiographie sind persönliche Erinnerungen, denn aus ihnen setzt sich das Gefühl eines kontinuierlichen Ichs zusammen. Sie erzeugen also nicht nur Identität, sondern sind auch mit großer Emotionalität versehen. Wie bereits erwähnt, werden faktische, aber auch persönlich gefärbte Informationen bei jedem Abruf neu interpretiert und dem aktuellen Wissensstand angepasst. Geschehnissen werden retrospektiv zeitliche Zusammenhänge und kausale Verknüpfungen zugeteilt. Auf diese Weise wird versucht, die Diskontinuität sowie Zufälligkeit der Ereignisse zu reduzieren. Eine solche narrative Identität ist für das Ich-Bewusstsein sowie für

[105] Vgl. Erll, Nünning, S. 140 f.

[106] Vgl. ebda, S. 131 ff.

[107] Ebda, S. 133.

[108] Zitiert nach Holdenried, S. 21.

die Autobiographie von großer Bedeutung. Das menschliche Gedächtnis wird massiv von Kommunikation und Interaktion, also dem sozialen und kulturellen Umfeld, geprägt – genauso wie die Identität eines Individuums.[109] Autobiographische Erinnerungen werden daher ebenso von kulturell festgelegten Wahrnehmungs- sowie Geschichtsmustern beeinflusst.[110] Sie geben Erlebtes allerdings nicht wahrheitsgetreu wieder, sondern konstruieren Vergangenes anhand kultureller Topoi, Gattungsmuster sowie im Einklang mit dem eigenen und kollektiven Selbstbild. Die Autobiographie ist demnach nicht die Wiedergabe von Tatsachen, sondern ein Selbstdarstellungsprozess, betont Roy Pascal. Er nennt verschiedene „Haupttypen von Unwahrheiten" einer Autobiographie, wobei einer der bedeutendsten die Verzerrung von Fakten aufgrund der Diskrepanz zwischen Tatsachen und Gefühlen ist. Dass die Autobiographie die Vergangenheit nicht unverfälscht reproduziert, findet Pascal keineswegs störend, da dies nicht zu ihrer Aufgabe gehört. Vielmehr steht hier das Innenleben einer Person sowie ihre Perspektive auf die Dinge des Lebens im Mittelpunkt. Und tatsächlich ermöglicht sie einen exklusiven Blick auf das Seelenleben, aber auch auf das Selbstbild des/der Autors/in. Sein Wesen bestimmt letztendlich nicht nur die Selektion von Erlebnissen und Erfahrungen, die es wert sind, beschrieben zu werden, sondern auch den Erzählstil sowie den sprachlichen Ausdruck des Textes. Diese kongruieren stets mit der Vorstellung der eigenen Person, heben sie hervor und runden sie letzten Endes ab.[111]

Die Identität zwischen AutorIn, ErzählerIn und ProtagonistIn ist zentrales Merkmal einer Autobiographie. Philippe Lejeune befasste sich damit intensiv und formulierte den Begriff des „autobiographischen Pakts". Dieser besagt, dass die Gleichheit der Identitäten durch die Zusicherung der Schreibenden, der vorliegende Text sei autobiographisch, bestätigt wird. Der am Buchumschlag angeführte Name des/der Verfassers/in agiert als das lyrische Ich des Textes und verweist auf eine real existierende sowie amtlich nachweisbare Person. Diese verspricht, den LeserInnen autobiographische Sachverhalte zu präsentieren und ist damit für den Inhalt verantwortlich. Auf die Namensgleichheit von AutorIn, ErzählerIn sowie Hauptfigur wird auf verschiedene Arten hingewiesen. Bereits der Titel des Textes kann auf die Schilderung autobiographischer Erinnerungen schließen lassen oder die Einleitung erwähnt dies explizit. Auf autobiographische

---

109 Vgl. Erll, Nünning, S. 150 ff.

110 Vgl. Wagner-Egelhaaf, S. 13.

111 Vgl. ebda, S. 42 ff.

Züge verweist auch der identische Name des/der Ich-Erzählers/in mit dem des/der Autors/in.[112]

3.4.1.1 Genderbedingte Unterschiede bei einer Autobiographie

In den 70er und 80er Jahren des 20. Jahrhunderts wurden viele Autobiographien von Frauen publiziert, womit die Ansicht forciert wurde, dass dieses Genre eine typisch weibliche Gattung sei.[113] Tatsächlich bemerkte die Forschung gewisse geschlechtsbedingte Unterschiede in Sprache, Form und Inhalt: Während Männer v.a. ihre eigene Person und Entwicklung in den Mittelpunkt ihrer Lebensdarstellung rücken, setzen sich Frauen oft mit der Relation zwischen den Geschlechtern sowie deren Kritik als auch mit dem Zwiespalt zwischen öffentlichem und privatem Leben auseinander, so Magdalene Heuser. Weitere Unterschiede sind die Tatsachen, dass Frauen meist sich selbst als Ergänzung zu einer männlichen Figur sehen – ihrem Vater, Sohn oder Ehemann – und dass sich ihre Erzählung oft an einen oder mehrere Adressaten richtet – insbesondere an die eigenen Kinder oder Enkel.[114]

Michael von Engelhardt hat sich mit den erinnernden Erzählmustern beider Geschlechter im 20. Jahrhundert befasst. Obwohl er sich dabei auf den mündlichen Bereich konzentriert, können seine Ergebnisse auch auf das lebensgeschichtliche Erinnern in populären Autobiographien übertragen werden. Von Engelhardt listet drei große Themenbereiche auf, die das autobiographische Erzählen dominieren: die persönliche Lebensgeschichte mit ihren Erlebnissen und Erfahrungen, die Entwicklung der eigenen Persönlichkeit sowie die Relation zwischen dem Individuum und der Gesellschaftsgeschichte. Während Männer v.a. auf politische und kulturelle Aspekte ihres Lebens eingehen, konzentrieren sich Frauen – insbesondere älterer Generationen – auf den privaten Aspekt, wie z.B. Familie oder Liebe sowie ihre Ausbildung und den Beruf. Die Zeit des Nationalsozialismus ist für beide Geschlechter ein heikles Thema, über sie wird nicht gern gesprochen. Dies zeigt, dass die seelische Bewältigung sowie Aufklärungsarbeit bei ihnen misslungen ist. Von Engelhardt stellt in diesem Zusammen-

112 Vgl. Lejeune, S. 23 ff.

113 Vgl. Holdenried, S. 65.

114 Vgl. Wagner-Egelhaaf, S. 98 ff.

hang fest, dass Frauen weniger Schwierigkeiten haben, mit persönlicher als auch kollektiver Schuld umzugehen. Allerdings ist es für sie in der Regel problematischer, über intime Themen, wie Liebe, Sexualität oder Religiosität, oder auch über negative Erlebnisse, wie Leid, Tod Nahestehender, Misserfolg oder Gewalt, zu sprechen. Obwohl Liebe und Sexualität für die meisten der befragten Frauen von großer Bedeutung sind, mieden sie mehrfach ein offenes Gespräch darüber. Besonders sexuell gefärbten Themen, wie die Aufklärung, die Regelblutung, erste sexuelle Erfahrungen oder Schwangerschaften sowie deren Abbrüche, wird ausgewichen.[115]

Frauen schieben ihre Autobiographie häufig in eine Kollektiv-Geschichte ein, erzählen ausführlich von Familienmitgliedern oder Ortsansässigen, während Männer ihre eigene Person und Geschichte in den Mittelpunkt stellen. Von Engelhardt spricht in diesem Zusammenhang von einer doppelten Vergesellschaftung: Frauen werden vom privaten wie auch vom öffentlichen Lebensbereich geprägt, im Gegensatz zu den Männern, die überwiegend der Politik, der Kultur und dem Beruf eine größere Bedeutung beimessen. Die befragten Frauen gaben an, ihren Kernpunkt v.a. in der persönlichen Umgebung zu finden, wobei Geburt, Krankheit und auch Familie kaum in den autobiographischen Erinnerungen fehlen. Frauen empfinden ihr Leben weniger als Gestaltungsmöglichkeit ihrer eigenen Persönlichkeit, sondern sehen es überwiegend in der Entgegennahme und Lösung von Aufgaben.[116]

Aufgrund der Erfolge der weiblichen Emanzipation lösen sich Frauen zunehmend aus den traditionellen Rollen und dringen schrittweise in männliche Domänen ein, wodurch eine neue Studie über Autobiographien der heutigen weiblichen Generationen vonnöten sein wird.

3.4.1.2 Trivialliterarische Merkmale einer Autobiographie

Die Autobiographieforschung unterscheidet zwei Tendenzen im 20. Jahrhundert: die literarische und die populäre Autobiographie.[117] Das literarische Aufzeichnen der eigenen Lebensgeschichte war zunächst ein Vorrecht

115 Vgl. von Engelhardt: Geschlechtsspezifische Muster des autobiographischen Erzählens, S. 371 ff.

116 Vgl. ebda, S. 380 ff.

117 Vgl. Holdenried, S. 35.

der sozial höher gestellten Schichten, doch gegen Ende des 19. Jahrhunderts fand das Genre aufgrund des Selbstbestimmungsstrebens auch Eingang in das Schrifttum des Volks. Dabei flossen die mündlichen Erzählstrukturen in das Schriftliche mit ein.[118] Sozial Minderprivilegierte, wie das Proletariat oder Frauen, entdeckten diese Gattung für sich und es entstanden zahlreiche DienstbotInnen- und ArbeiterInnen-Autobiographien.[119] Diese trivialen Schriften wurden zum „Verständigungsforum" gesellschaftlicher Außenseiter. In den 70ern und 80ern des letzten Jahrhunderts verwandelte sich dann diese so genannte Verständigungsliteratur in eine Literatur der Selbstbehauptung. Das Selbstbewusstsein der gesellschaftlichen Außenstehenden wurde in den zahlreich veröffentlichten Lebenserinnerungen kundgetan.[120] Die Autobiographie wurde also demokratisiert. Der Markt schreit heutzutage nach unkonventionellen Lebensgeschichten und v.a. die Nachfrage nach Berichten aus weiblicher Sicht stieg in den letzten Jahrzehnten enorm an. Dabei scheinen autobiographische Texte aus dem bäuerlichen Milieu besonders zu faszinieren, wohl „weil diese Fremde so nah und doch in eine andere Zeit zu gehören scheint".[121] Diese spezielle Form der Autobiographie stellt eine Verbindung zur Heimatliteratur dar, weil sie deren Merkmale in einen modernen Kontext setzt.[122]

Worin aber besteht nun der Unterschied zwischen einer literarischen und einer populären Autobiographie? Und welche sind ihre Kennzeichen bzw. die der Trivialliteratur allgemein?

Der Philologe Peter Nusser legt zwei Aspekte zur Definition von Trivialliteratur dar: den ästhetischen Aspekt, der das Triviale als leicht eingängig bezeichnet, sowie den gesellschaftlichen Aspekt, der die weite Verbreitung dieser Texte hervorhebt. Als triviale Literatur bezeichnet man gemeinhin das Gegenteil von „hoher" Literatur und lange wurde sie als minderwertig angesehen, da man sie als zweckgerichtet, verfälschend und klischeehaft tadelte.[123] Walter Nutz betont, dass sie bestimmten inhaltlichen sowie for-

---

118 Vgl. von Engelhardt: Geschlechtsspezifische Muster des autobiographischen Erzählens, S. 369.

119 Vgl. Holdenried, S. 223.

120 Vgl. ebda, S. 76 ff.

121 Ebda, S. 253.

122 Vgl. ebda, S. 253 f.

123 Vgl. Nusser, S. 3 f.

malen Kriterien unterliegt, deren Gebrauch bewusst konzipiert ist und dass sie – entgegen der gängigen Vorurteilen – kein missglücktes Kunstwerk darstellt.[124]

Die Sprache sowie die Handlung folgen einem festen Schema, das der Verständlichkeit dient. Die in der Trivialliteratur verwendete Sprache ist in ihrer Syntax sowie Lexik simpel und vertraut. So finden sich zahlreiche Redewendungen und Sprichwörter aus der Alltagssprache.[125] Sie vermitteln und prägen bestimmte Ideale und Denkarten sowie gesellschaftliche Muster.[126] Wiederholungen sowie die Verwendung sprachlicher, inhaltlicher und formaler Schemata tragen zur Orientierung und zum Leseverständnis bei.

Besonders die Dualität in der Figurendarstellung und Charakterbeschreibung spielt bei der inhaltlichen Formelhaftigkeit eine große Rolle. Dem Guten wird das Böse gegenübergestellt, dem Schönen das Hässliche. Gern werden das Unglück und die Armut des einfachen Volks gezeigt und als gottgegeben präsentiert. Beliebte Figuren sind die gegensätzlichen Stereotype des unglücklichen Reichen oder des glücklichen Armen. Einer Abwendung vom Charaktermuster folgt entweder eine Bestrafung oder sie bleibt ohne nennenswerte Konsequenz auf die sozialen Strukturen.[127] Auch die Hauptfigur verkörpert ein Klischee, das als Identifikationsfigur für die LeserInnen dient. Sie bleibt stets im Zentrum des Geschehens, wobei ihr oft ein/eine KontrahentIn gegenübergestellt wird.[128] Die Thematisierung von Krieg oder Gewalt ist zwar beliebt, da Parallelen zum eigenen Leben gezogen werden können, enthält allerdings keinerlei Kritik.[129]

Die RezipientInnen von Trivialliteratur versprechen sich etwas sozial Gültiges im Text zu erfahren, z.B. das Verhalten anderer in Situationen wie Armut und Leid einsehen zu können. Sie flüchten beim Lesen in eine imaginäre Welt voller Klischees und Stereotype, womit komplexe Sachverhalte auf ihre Grundstruktur reduziert werden und somit leichter durchschaubar sind. Die dargestellten Werte und Maßstäbe gehen mit den Vorstellungen

124 Vgl. Nutz, S. 63.

125 Vgl. Nusser, S. 50.

126 Vgl. Nutz, S. 65.

127 Vgl. Nusser, S. 50 f.

128 Vgl. Nutz, S. 87.

129 Vgl. Nusser, S. 51 f.

und der Denkweise des Publikums konform.[130] In der Hauptfigur kulminieren die Tugenden und Ideale der RezipientInnen, wobei eine Identifikation bewusst herbeigeführt wird, um das Interesse der LeserInnen zu wecken und wachzuhalten.[131] Zwar stellen sich dem/der Helden/in auch in der Trivialliteratur Probleme in den Weg, doch wird stets ein Lösungsweg geboten und gefunden. Die gesamte Handlung ist so konstruiert, dass sie auf ein so genanntes Happy End zusteuert, das geradezu unerlässlich für triviale Lesestoffe ist.[132] Auch bipolare Personenkonstellationen und traditionelle Geschlechterrollen ermöglichen den LeserInnen den Vergleich mit ihrer persönlichen Lage sowie den eigenen Sorgen und schaffen so eine weitere Identifikationsmöglichkeit für die LeserInnen.[133] Trivialliteratur konserviert alte Wertvorstellungen und Tugenden, anstatt neue Ideen zu vermitteln.[134] Laut Nusser unterstützte sie auf diese Weise das Herrschaftssystem über Jahrhunderte und trug zur Gefügigkeit des Volkes bei.[135]

Nicht nur die Sprache oder der Inhalt von Trivialliteratur folgen festgelegten Richtlinien, sondern auch der formale Aufbau unterliegt einer fixen Grundstruktur. Jeder triviale Text lässt sich in eine Ausgangslage, eine Abweichung und eine Endlage gliedern. Die Ausgangslage besteht aus der Beschreibung einer oder mehrerer Figuren in ihrer gewohnten Umgebung, damit die LeserInnen Eingang in die fiktive Welt finden und womöglich Ähnlichkeiten mit ihrer eigenen Situation erkennen. Die zweite Phase lässt sich durch eine Abweichung vom ersten Part kennzeichnen. Erzählliteratur bedient sich dabei häufig einer äußeren Gefahrenquelle oder der Erzeugung von Mitleid durch ein Unglück, Krankheit oder Tod. Belustigende Literatur verwendet die Ausgangslage, um durch eine harmlose Überschreitung dieser Norm Heiterkeit auszulösen. Eine Abweichung der Ausgangssituation soll also bewusst Emotionen bei den RezipientInnen erwecken, v.a. die so genannte Angstlust, eine Aufregung, die lustvoll genossen werden kann, da sich das Geschehen innerhalb eines fiktiven Rahmens vollzieht und stets ein Lösungsweg angeboten wird. Nusser spricht in diesem Zusammenhang von der Strategie der Emotionalisierung, die bewusst eingesetzt wird. Sie kann mit der Strategie der Zersplitterung verglichen wer-

130 Vgl. Nusser, S. 53 f.

131 Vgl. Schenda, S. 335.

132 Vgl. Nutz, S. 90.

133 Vgl. Nusser, S. 127.

134 Vgl. Schenda, S. 325 f.

135 Vgl. Nusser, S. 125.

den, die auf die Steigerung der Ängste abzielt, indem die Gründe für die Abweichung von der Norm verschwiegen werden. Die letzte und dritte Phase eines trivialen Textes ähnelt stark dem Beginn, da nach der Bewältigung der Schwierigkeit(en) und/oder Überwindung des Leids zur Ausgangssituation zurückgekehrt werden kann. Obwohl sich eine leichte Besserung durch mehr Glück, Sicherheit oder Macht eingestellt hat, bleiben die Werte- und Normvorstellungen konstant. Dass das Denk- sowie Verhaltensmuster sich bestätigt hat und am Ende gefestigt wird, fasst Nusser mit dem Begriff der „Strategie der Bestätigung" zusammen. Die LeserInnen sehen sich in ihren Ansichten bestärkt und identifizieren sich v.a. am Anfang und am Ende des Textes mit der Hauptfigur. Im Mittelteil werden sie mit Verhaltensmuster in Ausnahmesituationen konfrontiert, die sie bestaunen und beeindrucken sollen. Dabei beeinflusst Trivialliteratur das Verhalten des Publikums und beteiligt sich an seiner Disziplinierung. So erfahren Frauen in für sie produzierten Romanen, z.B. wie die selbstlose Heldin würdevoll Leid erträgt und für das persönliche Glück einen Mann an ihrer Seite benötigt. Aus der starken Identifikation entsteht eine Vorbildwirkung.[136] Zwischen den Texten und den RezipientInnen findet eine gegenseitige Einflussnahme statt: Die Literatur passt sich den Ansprüchen und Bedürfnissen der Leserschaft an, während diese gleichzeitig beim Lesen in ihrer Weltanschauung geprägt wird. Daher vergleicht Nutz die Trivialliteratur mit einem Produkt mit wirtschaftlichem Nutzen, das sich an die Ansprüche der KäuferInnen anpasst.[137] Tatsächlich stellen sich triviale Texte auf die LeserInnen ein: Sie bestärken ihr Weltbild, beschreiben Klischees und benutzen eine einfache, verständliche Sprache sowie Syntax.[138] Zentral dabei ist die Strategie der Personalisierung, wobei die Identifikation mit der Hauptfigur mittels inhaltlicher als auch sprachlicher Polarisierung und Typisierung begünstigt wird.[139]

Die populäre Autobiographie vereint nun die Merkmale einer persönlichen retrospektiv erzählten Lebensgeschichte mit trivialliterarischen Eigentümlichkeiten. Dabei kommt laut Christine Burckhardt-Seebass das Problem auf, dass dieses Genre weder von der Literaturwissenschaft noch von der Geschichte ernst genommen wird. Einerseits fehlt ihm an Fiktionalität sowie künstlerischer Autonomie und andererseits sieht die Geschichtswissen-

---

136 Vgl. Nusser, S. 119 ff.

137 Vgl. ebda, S. 13.

138 Vgl. ebda, S. 57.

139 Vgl. ebda, S. 127 f.

schaft es eher als Instrument. Die Geschichte von unten, die in den letzten Jahrzehnten immer mehr Beachtung fand, bedient sich jedoch gern Berichten von Zeitzeugen und erkennt deren Bedeutung für ein umfassendes Bild der Vergangenheit. So fordert Burckhardt-Seebass, populäres Erzählen von Lebensgeschichten als eigenes Genre und dabei auch seinen wissenschaftlichen Wert zu respektieren.[140]

3.5 Bewahren von Erinnerungen

Um dem Vergessen entgegenzuwirken, werden Informationen bereits seit Jahrtausenden schriftlich festgehalten: Geschichtsdaten, wissenschaftliche Erkenntnisse oder auch persönliche bzw. kollektive Erinnerungen werden – in analoger oder digitaler Form – entweder in der eigenen Schublade oder in Bibliotheken bzw. Archiven verwahrt.

In der Bewahrung von autobiographischen Erinnerungen ist die „Dokumentation lebensgeschichtlicher Aufzeichnungen"[141] am Institut für Wirtschafts- und Sozialgeschichte der Universität Wien wegweisend. Sie wurde Anfang der 1980er Jahre vom Sozialhistoriker Michael Mitterauer gegründet und beschäftigt sich mit der Sammlung sowie Lagerung von Aufzeichnungen populärer Lebensgeschichten, wobei das älteste Dokument aus dem Jahre 1750 stammt. Im Frühjahr 2010 zählte die Sammlung mehr als 10.000 schriftliche Aufzeichnungen von rund 3.000 verschiedenen AutorInnen und ca. 3.200 Fotos, die autobiographische Relevanz besitzen. Früher wurden die Texte hauptsächlich handschriftlich verfasst und eingesandt, doch die Tendenz, sie in digitalisierter Form einzuschicken, steigt von Jahr zu Jahr.

Die Dokumente lassen sich in fünf verschiedene Teilbestände unterteilen: Die autobiographischen Texte beinhalten retrospektive persönliche Erinnerungen, v.a. die Beschreibung persönlich bedeutsamer Episoden und nur selten eine vollständige Autobiographie. Die persönlichen Erinnerungstexte unterscheiden sich in ihrer Prägnanz sowie in der themenbezogenen Schilderung von autobiographischen Erfahrungen. Diese entstehen meistens nach einem Schreibaufruf z.B. in einer Radiosendung, als Zeitschrif-

---

140 Vgl. Burckhardt-Seebass, S. 133.

141 Die folgenden Informationen dazu stammen von der Website http://wirtschafts geschichte.univie.ac.at/vereine/doku/ am 15.7.2011.

tenannonce oder in Form eines Rundbriefs an den bereits registrierten Autor(inn)enkreis. Seit den Anfängen der Einrichtung gab es immer wieder Schreibappelle zu Themen wie die „Elektrifizierung in Österreich", „Vätererinnerungen" oder „Wien im Rückblick". Obwohl die Bearbeitung so schleppender vonstattengeht, kümmert sich immer dieselbe Person um das jeweilige Projekt, damit eine persönlichere Betreuung der Schreibenden gesichert werden kann. Diese stehen für weitere Zeit für Nachfragen oder Interviews in Kontakt mit dem/der ProjektleiterIn. Die einzelnen Schriftstücke sowie eventuell auch Fotos werden nicht nur inhaltlich sortiert, sondern auch nach AutorInnen geordnet, damit die Beiträge nicht nur themenbezogen gegliedert sind, sondern auch die einzelnen Lebensgeschichten ergänzt werden können. Tagebücher, Briefsammlungen sowie Chroniken zählen zum dritten Bestand der Dokumentationsstelle und werden unter dem Begriff „verwandte Textsorten" zusammengefasst. Sie sind nicht retrospektiv aufgebaut, sondern gelten als ereignisnah. Die „Sammlung Frauennachlässe" am Institut für Geschichte der Universität Wien interessiert sich sehr für diese Dokumente und kooperiert dabei eng mit der „Dokumentation lebensgeschichtlicher Aufzeichnungen". Kriegsbezogene Aufzeichnungen bilden einen eigenen Bestand und befassen sich vorwiegend mit den beiden Weltkriegen. Der letzte Bestand umfasst fotographische Dokumente, also Bilder von Landschaften, Arbeitsvorgängen und/oder Personen, die autobiographisch Erlebtes verdeutlichen. Aufgrund der zunehmend elektronischen Speicherung von Fotographien dezimiert sich die Anzahl der zugesandten Originale. Die Internetseite http://www.menschenschreibengeschichte.at/ macht sich diese technische Innovation zunutze, indem sie zur Erstellung eines interaktiven Fotoalbums aufgerufen hat.

Die meisten SchreiberInnen der „Dokumentation lebensgeschichtlicher Aufzeichnungen" sind zwischen den Jahren 1900 und 1930 geboren und standen noch in persönlicher Interaktion mit der Sammelstelle. Die Zeitspanne zwischen 1900 und 1950 gilt als die am gründlichsten dokumentierte, da Kinder- und Jugendjahre am deutlichsten erinnert werden. Die meisten AutorInnen stammen aus Österreich oder aus den Ländern der ehemaligen Donaumonarchie, wie z.B. Böhmen oder Mähren, aber auch aus ehemals deutschsprachigen Gebieten Europas, so wie aus Teilen der Tschechischen Republik oder aus Schlesien. Auffallend ist, dass Lebensberichte aus der ländlichen Umgebung im Vergleich zu denen aus dem städtischen Milieu zahl- sowie umfangreicher sind und Frauen als Schreibende überwiegen. Besonderes Augenmerk richtet die Einrichtung auf Berichte von sozial unterprivilegierten Gruppen sowie auch auf Schreibunerfahrene. Viele Beteiligte partizipieren an den Schreibaufrufen, da sie mit zunehmendem Alter das Bedürfnis verspüren, ein Resümee über ihr Leben zu ziehen oder aber ihren Erfahrungsschatz an die Familie oder die Gesellschaft weiterzugeben. Natürlich werden die Daten hochvertraulich behandelt und nur mit Einverständnis der AutorInnen an Dritte weitergeleitet. Das Ziel der „Dokumentation lebensgeschichtlicher Aufzeichnungen" ist die Festigung der Stellung älterer Menschen in unserer Gesellschaft sowie die Förderung des Dialogs zwischen den Generationen. Die meisten Dokumente sind unveröffentlicht, stehen aber für Forschungs- und Bildungsprojekte zur Verfügung. In Zusammenarbeit mit dem Böhlau Verlag wurden einige Datenbestände in der Reihe „Damit es nicht verlorengeht…" veröffentlicht. Im Jahr 2010 bestand diese Reihe aus 63 Bänden, von Autobiographien bis hin zu thematisch kongruierenden Einzelbeiträgen unterschiedlicher AutorInnen.

Auch auf der Website http://www.menschenschreibengeschichte.at/ werden Erinnerungen in Form von Erzählungen sowie Fotos publiziert und können kostenlos eingesehen werden. Seit Juli 2009 können Interessierte nicht nur die Beiträge lesen, sondern auch ihre eigenen Erinnerungen veröffentlichen. Die Plattform steht unter der Leitung von Günter Müller, der ebenso für die „Dokumentation lebensgeschichtlicher Aufzeichnungen" verantwortlich ist.[142]

Weitere Archive für populäre autobiographische Zeugnisse in Österreich sind die 1991 gegründete „Sammlung Frauennachlässe" am Institut für Geschichte an der Universität Wien, das „Oral-History-Archiv" an Institut für Wirtschafts-, Sozial- und Unternehmensgeschichte an der Universität Graz oder das ebenso in Graz befindliche „Büro der Erinnerungen". Aber auch in Deutschland, der Schweiz und in vielen anderen Ländern Europas findet man zahlreiche Sammelstellen für populäre autobiographische Erinnerungen.

142 Vgl. http://www.menschenschreibengeschichte.at/ am 15.7.2011.

4 Das Erinnern und Bewahren in populären Autobiographien

Der zweite Teil behandelt drei populäre Autobiographien von Bäuerinnen aus dem süddeutschen Sprachraum in Bezug auf Erinnern und Bewahren:

- Anna Wimschneider: „Herbstmilch“ (AW),
- Barbara Passrugger: „Hartes Brot“ (BP, HB) sowie „Steiler Hang“ (BP, SH) und
- Maria Gremels Jubiläumsausgabe „Mein Leben“ (MG) – bestehend aus „Mit neun Jahren im Dienst“ sowie „Vom Land zur Stadt“.

Diese drei lebensgeschichtlichen Aufzeichnungen verbinden mehrere Gemeinsamkeiten miteinander: Sie alle stammen aus der Feder von älteren Frauen, die in der Landwirtschaft tätig waren und erst im Alter aus ähnlichen Gründen beschlossen haben, ihre Lebensgeschichte sowie -erfahrungen aufzuzeichnen. Alle drei Autorinnen kommen aus dem süddeutschen Sprachraum, sind also Dialektsprecherinnen und haben unter ähnlichen wirtschaftlichen, gesellschaftlichen sowie politischen Bedingungen gelebt.

Einem kurzen Überblick über die Biographie der Frauen, also auch der Inhalt der Bücher, folgt die Beschreibung der formalen sowie inhaltlichen Merkmale der Texte. Danach wird der Schreibprozess als Erinnerungsarbeit sowie die Beweggründe für das Bewahren persönlicher als auch kollektiver Informationen erläutert. Da nicht nur der Inhalt eines Textes, sondern auch die Sprache sowie die verwendeten literarischen Mittel Wissen speichern können, folgen anschließend der Aufbau der Autobiographien, die außertextuellen Ergänzungen sowie die sprachlichen Besonderheiten. Zum Schluss werden noch die behandelten und umgangenen Themen betrachtet.

4.1 Die Autorinnen

4.1.1 Der Lebenslauf von Maria Gremel

Am 19. Dezember 1901 wurde Maria Gremel, geborene Schneeweiß, in Aigen bei Kirchschlag in der Buckligen Welt (Niederösterreich) als zweites von insgesamt zwei Kindern geboren.[143] Ihre Eltern waren so genannte Söldnerleute – das waren meist arme Menschen, die das „Stübl" eines Bauern bewohnten und als Gegenleistung am Hof von Ostern bis Allerheiligen mitarbeiteten (vgl. MG, 19 f).

Noch vor Marias fünftem Lebensjahr zog die Familie auf einen Hof zwischen Kirchschlag und Gehring, wo sie für ungefähr fünf Jahre blieben. Ihre Kindheit beschreibt Gremel als sorgenfrei und sich selbst als neugieriges und abenteuerlustiges Mädchen. 1906 kam ein weiteres Geschwisterchen zur Welt, starb allerdings kurze Zeit später. Daraufhin musste die Mutter für neun Monate ins Krankenhaus und Maria verbrachte diese Zeit bei ihrer Großmutter (vgl. MG, 22 ff).

Nach ihrer Rückkehr blieb die Mutter arbeitsunfähig und pflegebedürftig, daher zog die Familie zum Bruder des Vaters und seiner sechsköpfigen Familie nach Kirchschlag. Dort lebten nun zehn Leute in einem gemeinsamen Haushalt. Der Vater versorgte seine Frau und die Kinder als Taglöhner; die Mutter war weder imstande zu arbeiten, noch allein den Haushalt zu führen. Aufgrund des Ortswechsels wiederholte Maria die erste Klasse und musste sich erst gewöhnen, nicht mehr auf einem Bauernhof zu leben, sondern in einer größeren Ortschaft. Das Essen wurde nun gekauft und auch das menschliche Zusammenleben in einem Dorf war für Maria anfangs befremdend. Ihre bevorzugten Spielgefährten war eine Gruppe von Jungen; doch diese legten eines Tages ein Feuer in der Nähe eines Hofes. Die Mutter beschloss daraufhin, Maria von diesem schlechten Umfeld fern zu halten, weswegen sie ihre ältere Schwester, Marias Taufpatin, bat, das Mädchen bei ihr in Waldegg aufzunehmen. Maria genoss die Zeit dort sehr, denn die Tante war für sie wie eine zweite Mutter. Für das dritte Schuljahr kehrte sie dann wieder zu ihren Eltern und ihrem Bruder zurück, die mittlerweile eine andere Wohnung neben ihrer vorherigen Unterkunft bezogen hatten (vgl. MG, 73 ff).

---

[143] Vgl. Mail von Günter Müller an die Verf. vom 6.1.2011.

Nach dem Abschluss der dritten Klasse wurde Maria im Alter von neun Jahren in den Dienst zu einem Bauern geschickt, wie es bei armen Leuten damals üblich war. Die Bäuerin war eine Freundin der Mutter und seit kurzem mit dem Bauer Gremel verheiratet. Die beiden erwarteten ihr erstes Kind und Maria sollte dort als Kindermädchen arbeiten. In den Wochen bis zur Geburt übernahm sie im zehn- bis zwölfköpfigen Haushalt andere Aufgaben, wie Geschirr abwaschen, kehren, Streu in den Stall tragen, Hühner füttern und Eier suchen. Sie besuchte nur sonntags für drei bis vier Stunden ihre Familie; der Bauernhof der Gremels wurde nach und nach zu ihrem eigentlichen Zuhause. Ein Streit zwischen der Alt- und Jungbäuerin trübte allerdings die Stimmung dort, zudem war der Hof hoch verschuldet (vgl. MG, 158 ff).

Als der Sohn des Bauernpaares geboren wurde, kamen weitere Aufgaben auf Maria zu: Sie wickelte das Kleinkind, fütterte es, trug es umher und wusch die Windeln. Einmal ging sie mit dem Baby ins Nachbarhaus, stolperte dann auf dem Heimweg und fiel hin. Sie hatte den Kleinen gut festgehalten, sodass ihm nichts passiert war – lediglich eine Brennnessel verletzte ihn an der Hand. Der Bauer wurde trotzdem so wütend, dass er sie schlug – das erste und einzige Mal, wie Maria behauptet (vgl. MG, 180 ff).

Im Jahr 1913 wurde die so genannte Sommerliche Schulbefreiung eingereicht, die Maria erlaubte, vom ersten Mai bis zum ersten November vom Schulunterricht fernzubleiben. In dieser Zeit sollte sie sich intensiv um den mittlerweile fast zwei Jahre alten Buben kümmern. Da sie die Schule vermisste, lieh sie sich die Hefte der anderen aus, um nachzuholen, was sie versäumt hatte. Sie freute sich, im Herbst wieder den Unterricht besuchen zu können, während den Bauernleuten die Schulpflicht eher ein Dorn im Auge war; sie hätten sie stattdessen lieber als Arbeitskraft eingesetzt. Bald schon passte sie nicht mehr auf das Kind auf, sondern half bei der alltäglichen Arbeit, lernte melken und ackern (vgl. MG, 193 ff).

Als im Juni 1914 der Erste Weltkrieg ausbrach, wusste die dreizehnjährige Maria weder um dessen Bedeutung noch Konsequenzen. Neben einem Pferd mussten auch zwei Brüder des Bauern in den Krieg ziehen. Am Hof fehlten nun die Arbeitskräfte, das Vieh wurde abgezählt und der Verbrauch an Nahrungsmitteln festgelegt, da die Versorgung der Stadt und der Armee gewährleistet werden musste (vgl. MG, 212 ff).

Am Hof der Gremels setzte sich der Streit zwischen dem Bauern und seinen Eltern fort. Im Jänner 1915 wurde dann das zweite Kind, ein Mädchen, geboren, doch Maria wurde nicht mehr als Kindermädchen eingesetzt, sondern half bei den Arbeiten im Haus und am Hof. Genau an ihrem vierzehnten Geburtstag schloss sie die Schule ab und sie bedauerte sehr, nicht weiterhin lernen zu können, war sie doch immer eine gute Schülerin gewesen. Sie war sich durchaus bewusst, dass ihr Traum, Lehrerin zu werden, für ein Kind armer Leute nicht realisierbar war.

Schließlich musste auch der Bauer im Spätherbst 1915 einrücken und sein Vater übernahm mit 73 Jahren dessen Aufgaben. Maria war fasziniert von dessen Besonnenheit, Ehrlichkeit und Güte, aber auch von dem, was er zu erzählen hatte. Sie arbeitete fleißig, doch Lohn bekam sie nach wie vor keinen. Im August 1916 wurde das dritte Kind der Bauersleute, Theresia, geboren (vgl. MG, 215 ff).

Anfang des Jahres 1917 kehrte Maria zu ihrer Familie zurück und begann eine Schneiderlehre. Sie wunderte sich, dass ihre Tante die Lehre bezahlen konnte, obwohl sie ein Jahr vorher ihre eigene Mutter ins Armenhaus geschickt hatte, anstatt sie bis zu deren Tod bei sich zu behalten. Beim Bauer Gremel ließ man sie ohne Klagen gehen und so begann sie die Lehre. Hatte sie bisher immer genug zu essen gehabt, fehlte es jetzt an allem und sie musste Hunger leiden. Bereits zu Ostern war sie allerdings gezwungen, die Lehre abzubrechen, da sich der Gesundheitszustand ihrer Mutter derart verschlechtert hatte, dass Maria sie pflegen musste. Auch ihr Vater gab seine Arbeit auf, da er der einzige war, der sie heben konnte. Unterdessen konnte Maria auch nicht arbeiten gehen, da sie zu kochen und die Wäsche zu waschen hatte. Der Krieg wütete weiterhin und acht Wochen lang bekamen sie nichts für ihre Lebensmittelmarken, doch Maria bat Bauern erfolgreich um Lebensmittel. Am 11. November 1917 starb dann ihre Mutter und noch am Tag ihrer Beerdigung ging der Vater wieder arbeiten. Auch Maria verrichtete Gelegenheitsarbeiten, damit die Schulden beglichen werden konnten. Zu all dem Elend und der Not des Krieges griff im Herbst 1917 die Maul- und Klauenseuche im ganzen Bezirk um sich, sodass Milch und Fleisch knapp wurden (vgl. MG, 231 ff).

Maria kehrte wie beabsichtigt an den Hof der Gremels zurück, den mittlerweile nicht mehr der Altbauer leitete, da er zu alt geworden war, sondern der älteste Bruder des Bauern. Ein paar Monate später verstarb das zweitgeborene Kind; die Angehörigen waren untröstlich, der Vater immer noch im Krieg (vgl. MG, 236 ff).

Ohne Marias Wissen hatte ihr Vater sie für den Dienst bei einem anderen Bauern angemeldet und nun war sie gezwungen, bei den Gremels zu kündigen. Dort beschimpfte man sie als undankbar und unnütz, dabei war es nie ihr Wunsch gewesen, den Hof zu verlassen. Sie beschloss zu bleiben, also musste sie sich vom Dienst beim anderen Bauern freikaufen (vgl. MG, 239 f).

Im Frühjahr 1918 kam der jüngste Bruder des Bauern namens Karl auf Urlaub aus dem Krieg und half beim Frühjahrsanbau mit. Obwohl Maria bisher nie etwas übrig für ihn gehabt hatte, verliebte sie sich jetzt in ihn. Er erwiderte diese Liebe und sie schrieben einander Briefe, sobald er wieder fort musste. Seine Mutter versuchte jedoch diese Liebschaft von Anfang an zu unterbinden (vgl. MG, 246 ff).

Als im November 1918 der Krieg zu Ende war und die Monarchie abgeschafft wurde, kehrten langsam die Wehrpflichtigen nach Hause zurück: zunächst der Bauer, dann seine Brüder. Inmitten der politischen Umwälzungen fanden Maria und Karl zueinander. Er drängte sie, mit ihm zu schlafen und schließlich gab sie nach, bereute es jedoch. Mit 19 Jahren erwartete sie also ein lediges Kind – ihr Vater hätte sie gern mit einem anderen Mann gesehen, die Bäuerin Gremel versprach Hilfe. Als Frau war sie die Leidtragende dieser außerehelichen Schwangerschaft, da sie von der Gesellschaft geächtet und verspottet wurde. Besonders Karls Mutter beschimpfte sie, leugnete ihres Sohnes Vaterschaft, während Karl dazu nicht Stellung bezog. Am 19. Mai 1920 kam dann ihr erster Sohn Felix als lediges Kind zur Welt und alle schlossen es sofort in ihr Herz. Karls Mutter war die einzige, die Felix ihr Lebtag lang keines Blickes würdigte. Karl wurde vor Gericht zu Unterhaltszahlungen angewiesen, doch durch die Inflation verlor das Geld immer mehr an Wert. Im Herbst wollten die beiden sich endlich das Jawort geben, doch ein dreijähriger Banditenkrieg brach aus, weil Ungarn das Burgenland an Österreich aufgrund des Vertrags von Trianon 1920 abgeben musste. Der Hof lag nur wenige Kilometer von der Grenze entfernt, also beobachteten sie einmal einen Angriff auf Kirchschlag. Die Lage im Grenzgebiet blieb unruhig und man lebte in Angst und Schrecken, deswegen wurde die Hochzeit aufgeschoben. Anfang des nächsten Jahres holten sich Maria und Karl den Segen ihrer Eltern, die sich für ihr Kind eigentlich einen anderen/eine andere EhepartnerIn gewünscht hatten. Dennoch gingen die beiden am 26. Februar 1922 den Bund fürs Leben ein. Es war eine bescheidene Feier und auch der Alltag änderte sich für die beiden als Dienstboten so gut wie nicht. Karls Familie hatte gehofft, dass er eine Bauerntochter heiraten würde und nicht Maria, die als Magd einer unteren sozialen Schicht angehörte und viele Verwandte sowie Bekannte zeigten Maria offen ihre Geringschätzigkeit (vgl. MG, 246 ff).

Maria hatte mit ihrem Vater schon einmal beim Schnitt bei einem anderen Bauern in Fischamend geholfen. 1923 verdiente sie sich erneut etwas dazu, diesmal in Neusiedl. Am Hof der Gremels bekam sie nämlich keinen Lohn, die Geldentwertung machte es dem Bauern unmöglich, seine Angestellten zu bezahlen (vgl. MG, 249 ff).

Im Herbst erwartete sie dann ihr zweites Kind und sie bezeichnete diese Zeit als die zufriedensten Jahre ihrer Ehe, denn sie plagten keine Geldsorgen, gingen ihrer Arbeit nach und hungerten nicht. Auch die Verunglimpfungen ihrer Schwiegermutter ebbten langsam ab. Ihre Tochter Maria wurde dann am 26. Juli 1923 geboren und erschwerte ihren Eltern mit schlaflosen Nächten die tägliche Arbeit (vgl. MG, 278 ff).

An Weihnachten 1925 starb der Altbauer, Karls Vater, wahrscheinlich an Altersschwäche und bereits am Tag der Beerdigung begann der Streit um das Erbe. Im Frühjahr 1926 tobte die Spanische Grippe, an der alle am Hof – außer Maria, Karl und die Kinder – erkrankten; die Altbäuerin, Marias Schwiegermutter, starb daran. Unter den Erben begann bereits vor der Testamentseröffnung ein unerbittlicher Streit um den Besitz. Karl erhoffte sich keinen Anteil, denn seine Mutter hatte ihn ihm abgesprochen, als er Maria geheiratet hatte. Das Testament wurde für ungültig erklärt, da eine Zeugenunterschrift fehlte; also trat die gesetzliche Erbfolge in Kraft. Es dauerte allerdings ein ganzes Jahr, bis alles geregelt war und in dieser Zeit herrschten Unmut und Streit am Hof. Maria setzte diese Missstimmung zu – deswegen und auch aufgrund einer weiteren Schwangerschaft beschlossen sie und Karl, den Hof zu verlassen. Sie kontaktierten die Versuchswirtschaft der Hochschule für Bodenkultur in Groß-Enzersdorf, wurden aufgenommen und zogen Anfang des Jahres 1927 um. Am Hof war man unglücklich, zwei Arbeitskräfte zu verlieren und versuchte vergeblich den mittlerweile sechsjährigen Felix zum Bleiben zu überreden (vgl. MG, 293 ff).

Die kleine Familie brauchte nun Möbel sowie Geschirr; Maria musste sich erst an die neue Lebenssituation gewöhnen: Sie kochte nun mit anderen Lebensmitteln, unterhielt einen eigenen Haushalt und musste den Lohn einteilen. Sie lernte neue Aufgaben kennen und mit unbekannten Maschinen umzugehen. Doch statt Margarine verwendete sie zunächst weiterhin wie gewohnt Butter und statt Kernfett Speck, daher reichten die Nahrungsmittel nicht und Maria machte sich Sorgen um die Zukunft. Entgegen ihren Erwartungen erhielten sie dann aber doch noch einen Anteil am Erbe der Altbauern Gremel. Als im Herbst 1927 dann das dritte Kind Hermann zur Welt kam, arbeitete Maria nur noch am Nachmittag. Nicht nur die Arbeit und das Umfeld waren neu, sondern sie und Karl kamen auch in den Genuss von geregelten Arbeitszeiten, Urlaub und einer Krankenversicherung. Außerdem gehörte ihnen ein eigener Acker, auf dem sie mehr anbauen konnten, als sie eigentlich benötigten – den Rest verkauften sie. Obwohl es ihnen gut ging, litt Maria an Heimweh. Sechs Wochen vor und sechs Wochen nach der Entbindung ihres dritten Kindes konnte Maria in den Krankenstand gehen und bekam Wöchnerinnengeld ausbezahlt. Da sie am Beginn der Schwangerschaft allerdings noch auf dem Bauernhof gearbeitet hatte und dort nur die niedrigste Beitragsklasse für sie gezahlt worden war, erhielt sie nun nur wenig finanzielle Unterstützung. Allerdings durfte sie auch nicht früher wieder arbeiten gehen, denn das Ansuchen um Hilfsmittel war bindend. Doch die Geburt ihres Sohnes vertrieb bald ihre trüben Gedanken sowie das Heimweh. Nach anderthalb Monaten begann sie erneut mit der Arbeit, ging vormittags aufräumen und am Nachmittag aufs Feld. So blieb ihr nichts anderes übrig, als dem siebenjährigen Felix die Betreuung des Babys zu überlassen. Maria legte es in einen Leiterwagen, den der Bub dann beim Spielen hinter sich herzog. Später arbeitete sie im Kuhstall und konnte sich von sieben bis sechszehn Uhr um die Kinder kümmern (vgl. MG, 307 ff).

Fast zwei Monate nach der Geburt hatten ihre Blutungen nicht aufgehört, also ging sie zum Arzt, der feststellte, dass es durch die Querlage des Ungeborenen einen Einriss gegeben hatte, der hätte behandelt werden müssen. Er sagte ihr nun vorher, dass sie sieben bis acht Jahre kein Kind mehr austragen werde können. Es folgten zwei Schwangerschaften, bei denen sie das Ungeborene aber wieder verlor. Im Herbst 1930 war sie wieder in anderen Umständen und Anfang des Jahres 1931 verlor sie Fruchtwasser, worauf der Arzt ihr einen weiteren Abbruch prognostizierte. Tatsächlich erlitt sie ein paar Tage später einen Abort, während sie das Mittagessen vorbereitete. Das kleine Mädchen starb nach ein paar Minuten und Maria schob es in einer Schüssel unter das Bett. Karl und den Kindern erzählte sie nichts davon; erst als ihr Mann wegen ihrer auffallenden Blässe den Arzt holte, erfuhr er davon und versprach ihr, sie in Zukunft zu schonen. Maria war vor allem zornig, aber erholte sich bald wieder (vgl. MG, 327 ff).

Sie hungerten nicht, aber das Geld wurde knapp, daher wechselte Karl in die Marchfelder Molkerei, wo auch Maria fürs Waschen der Kannen bezahlt wurde. Die Dienstwohnung mussten sie aufgeben, fanden aber sofort eine neue und zogen 1931 um. Es begann erneut eine Zeit der Umstellung, doch Maria empfand diese Jahre als harmonische sowie glückliche Zeit. Wegen eines eitrigen Fußes vernachlässigte Karl eines Nachts seinen Dienst, doch der Arzt schrieb ihn nicht krank. Als Konsequenz gab man ihm bei der Molkerei keine Arbeit mehr und da er nicht gekündigt war, bekam er auch kein Arbeitslosengeld. Doch anstatt sich eine andere Betätigung zu suchen, verbrachte er die Tage mit Lesen. Maria sah sich gezwungen, die Verpflegung der Familie selbst in die Hand zu nehmen. Die Arbeitslosigkeit war groß im März 1932, doch sie fand bei einem Juden namens Rosenbaum eine Stelle und sortierte dort Kartoffeln. Sie lebten nun in ärmlichen Verhältnissen, doch Karl rührte keinen Finger. Nach einigen Monaten stellte man Karl wieder in der Molkerei ein, doch blieb man dort nachtragend (vgl. MG, 332 ff).

Anfang des Jahres 1934 erreichte Maria dann ein Brief, in dem stand, dass ihr Vater nicht mehr lange zu leben hätte. Also brach sie mit ihrer zehnjährigen Tochter auf, um ihn zu besuchen. Während ihres Aufenthalts in Niederösterreich wurde dann das Standrecht ausgerufen, aber Maria war sich dessen Tragweite nicht bewusst, verließ am 12. Februar ihre Verwandten und fuhr mit ihrer Tochter zurück nach Wien. Als sie um fünf Uhr früh den Südbahnhof erreichten, fanden sie eine finstere Stadt vor. Da weder Straßenbahnen noch Taxis fuhren, mussten die beiden zu Fuß nach Hause. Sie wurden immer wieder gewarnt, wie gefährlich es war, sich nachts bei dieser politischen Lage auf der Straße aufzuhalten, doch sie fanden keinen Unterschlupf, denn auf ihr Klopfen öffnete niemand. Nach langer Zeit entdeckten sie ein Taxi, dessen Fahrer sich bereit erklärte, die beiden Frauen zu fahren. Überglücklich und unversehrt kamen sie Zuhause an (vgl. MG, 340 ff).

Der Bürgerkrieg tobte, doch Maria und ihre Familie bekamen recht wenig vom Geschehen mit. Am 5. März 1934 verstarb dann ihr Vater. Die Arbeitslosigkeit war nach wie vor hoch und Felix, der mittlerweile die Schule abgeschlossen hatte, fand keinen Lehrplatz; also arbeitete er bei den Gremels am Bauernhof in Aigen (vgl. MG, 345 f).

Im August 1932 hatte Maria sich der ersten Augenoperation unterzogen, 1934 musste sie erneut operiert werden. Während Hermann in Neunkirchen bei seiner Taufpatin die zweite Klasse besuchte, war Maria wieder schwanger und gesundheitlich angeschlagen. Im Februar 1935 gebar sie einen weiteren Buben, der Walter genannt wurde. Felix bekam eine Lehrstelle bei einem Kaufmann, übte diesen Beruf dann aber nie mehr aus (vgl. MG, 346 ff).

Die nächsten Jahre verliefen für Maria ruhig, während im Hintergrund der Nationalsozialismus anschwellte. Als Hermann 1937 auf ein Gymnasium gehen sollte, stellte sich die Frage, wie die Eltern das finanzieren sollten, denn auch für die Lehre des Ältesten musste bezahlt werden. Im selben Jahr zogen sie in eine andere Wohnung. Im März 1938 marschierte Hitler in Wien ein und zu dessen Ehre wurden Feiern veranstaltet. Da Groß-Enzersdorf zu jener Zeit noch zu Niederösterreich gehörte, bekam Maria das Geschehen in Wien nur am Rande mit. Das Gymnasium, das Hermann besucht hatte, wurde geschlossen und in eine Polizei- und Gendarmerieschule umgewandelt. Hermann wechselte auf ein anderes Gymnasium, das aber weiter entfernt war. Die Tochter Maria hätte gern eine höhere Schule besucht, finanziell konnte sich das die Familie aber nicht leisten; also begann sie eine Lehre in einem Kaufmannsgeschäft. Ende des Jahres 1938 erwartete Maria ein weiteres Kind, während Karl seine Arbeit verlor, da Hitler alle kleineren Molkereien hatte schließen lassen. Im Jänner des folgenden Jahres fand er in einer Firma Arbeit und fertigte Kettenglieder für Traktoren an; dabei verdiente er mehr als in der Molkerei. Drei Tage vor Beginn des Krieges, also am 28. August, wurde ihr fünftes Kind Gerhard geboren. Karl musste nur für ein paar Wochen einrücken, ein Dienst ohne Waffe, dann wurde er aufgrund seines Alters vom Militär entlassen. Er arbeitete in einem Rüstungsbetrieb, der Panzer herstellte und gleichzeitig beauftragte ihn die Partei, die Mitgliedsbeiträge der Arbeiter einzukassieren. Felix wurde auch eingezogen; er kam nicht an die Front, sondern als Ausbilder in eine Jagdfliegerschule (vgl. MG, 354 ff).

Gerhard erkrankte schwer, worauf ein Kehlkopfschnitt gemacht werden musste und kurz darauf starb er laut Totenschein an einer Lungenentzündung. Maria gab dem behandelnden Arzt die Schuld am Tod ihres Jüngsten und im weiteren Sinne dem Nationalsozialismus, der kompetente jüdische Ärzte die Berufsausübung verbot und sie mit unerfahrenen arischen ersetzte. Ihren Schmerz versuchte sie zu vergessen, indem sie einen neun Monate alten Jungen namens Poldi aus dem Kinderheim zu sich holte. Von der Gemeinde Wien bekam sie finanzielle Unterstützung, aber Maria ging es vor allem um den karitativen Zweck. Poldis Mutter besuchte ihren Sohn regelmäßig und freute sich, dass er in einer Familie aufgenommen worden war. Sie hatte ihn weggeben müssen, da sie sich aufgrund ihres Berufs nicht um das Kind hatte kümmern können. Poldi litt an Asthmaanfällen und musste mehrmals ins Krankenhaus. Weil sich sein Gesundheitszustand in der Stadt verschlechterte, wurde ein Pflegeplatz auf dem Land für ihn gesucht. Maria konnte ihn dann nicht mehr besuchen, aber seine Mutter schrieb ihr eine Zeitlang regelmäßig und informierte sie über sein Befinden; irgendwann hörten dann die Briefe auf (vgl. MG, 366 ff).

Kurz darauf verstarb eine junge Mutter in Marias Nachbarschaft und hinterließ vier Kinder; der Vater war an der Front. Maria nahm eins der Kinder bei sich auf, die vierjährige Frieda, die im selben Alter war wie ihr Sohn Walter. Doch eines Tages erschien eine Frau mit Adoptionspapieren und forderte die kleine Frieda ein. Nach ungefähr einer Woche allerdings kam Frieda weinend zurück, doch Maria erfuhr nie, was passiert war, nahm aber das Mädchen wieder auf. Als der Krieg vorbei war, kehrte Friedas leiblicher Vater zurück, holte seine Kinder zu sich und heiratete erneut (vgl. MG, 371 ff).

Im April 1941 wurde Marias jüngstes Kind Ernst geboren. Da es ihr sechstes war, bekam sie das silberne Mutterkreuz verliehen, doch ihr lag nicht viel daran. Im selben Jahr heiratete der mittlerweile einundzwanzigjährige Felix eine Bundesdeutsche, die er während seines Militärdienstes kennengelernt hatte. Da die Hochzeit in derer Heimatgemeinde stattfand, konnten Maria und ihre Familie der Feier nicht beiwohnen. Als die Frischverheirateten nach Wien kamen, wurde die Schwiegertochter herzlich in der Familie aufgenommen. Im Oktober 1942 heiratete auch Marias Tochter in kleinem Kreis, der Krieg erlaubte keine großen Feste.

Als die Russen in Richtung Wien stürmten, beschlossen Maria und ihre Familie, nicht nach Oberösterreich zu fliehen. Stattdessen zog sie mit den Kleinen zu ihrer Tochter innerhalb der Stadtmauern Wiens und fand dort mit den anderen Hausbewohnern im Keller Unterschlupf. Nachdem die Russen Wien besetzt hatten, herrschte Chaos in der Stadt: Es wurde aufgrund der Lebensmittelknappheit in Geschäfte eingebrochen und auf den Straßen lagen Tierkadaver. Maria musste beim Wiederaufbau helfen; die Arbeit war hart, sie litt an Hunger und Durst. Karl arbeitete als Pferdeknecht bei einem Bauern, dann wechselte er zu einem Ölwerk in der Lobau und schließlich zu einem Holzplatz, wo er bis zu seiner Pensionierung blieb. Nach dem Krieg zog Maria mit den Kindern nach Kirchschlag, damit ihr Sohn Walter dort in einem Schülerheim das Versäumte nachholen konnte. Das Geschehen in Wien verfolgte sie nur sporadisch über die Zeitung. Felix und Hermann waren noch nicht vom Kriegsdienst nach Hause gekommen (vgl. MG, 373 ff).

Im Jahr 1946 lebte Maria bei ihrer Tochter, da ihre eigene Wohnung noch nicht wieder hergestellt worden war. Karl kam bei seinem Arbeitgeber, dem Bauern, unter, während Walter nach wie vor im Schülerheim verweilte. Anfang des Jahres kehrte Felix von Frankreich Heim. Da er keine deutsche Staatsbürgerschaft hatte, konnte er nicht zu seiner Frau und seinem Kind. Er suchte sich Arbeit und eine Unterkunft, ließ die beiden so bald als möglich nachkommen und im Herbst wurde deren zweites Kind geboren. Im Oktober 1949 zogen sie dann wieder nach Deutschland. Auch Marias Schwiegersohn kam wohlbehalten aus italienischer Kriegsgefangenschaft nach Wien zurück. Von anderen heimkehrenden Männern erfuhr sie, dass ihr Sohn Hermann weiterhin in einem Lager inhaftiert war, dass es ihm aber gut gehe. Erst 1949 konnte er wieder in die Heimat zurückkehren (vgl. MG, 393 ff).

Ein halbes Jahr nach Karls Pensionierung starb dieser unerwartet im Jahr 1959. Maria stürzte dies in einen finanziellen Engpass: Da sie, wie man ihr immer wieder sagte, nicht gearbeitet habe, erhielt sie auch keine Pension, sondern eine kleine Witwenrente. Ihr Jüngster Ernst machte zu dieser Zeit Matura und erhielt noch eine Waisenrente.[144] Maria verdiente sich nebenbei etwas mit Gemeindearbeiten dazu, als Wahlhelferin oder mit Schreiben von Steuerkarten. Gleichzeitig besuchte sie Kurse an der Volkshochschule, um ihr Wissen zu erweitern, denn insgesamt war sie nur sechs Jahre in der Schule gewesen. Zu dieser Zeit begann sie, ihre Lebenserinnerungen aufzuschreiben. Außerdem strickte sie viel, sie besuchte u.a. einen vierjährigen Kurs über die Weltreligionen, einen Zeichen- und verschiedene Bastelkurse. Letztendlich war das Schreiben doch die kostengünstigste Freizeitbeschäftigung und sie widmete sich ihr ausgiebig, da sie von einem ihrer Söhne halbseitig bedrucktes Papier von dessen Arbeitsplatz bekam.[145] Ab 15. Oktober 1986 bewohnte sie ein Zimmer im Pensionistenheim der Caritas.[146] Sie starb am 19. Februar 1991 im Alter von neunzig Jahren.[147]

Neben ihrer individuellen Lebensgeschichte und der ihrer Familienmitglieder beschreibt Maria Gremel ausführlich verschiedene Bräuche, Sitten, Arbeitsvorgänge sowie den Alltag in der Landwirtschaft und gibt einen Einblick in das damalige Leben mittelloser Leute. Sie bezieht sich dabei immer wieder auf historische Ereignisse und Perioden, die sie aus ihrer Perspektive schildert.

---

144 Vgl. Ottakringer Lesebuch, S. 165.

145 Vgl. ebda, S. 172 f.

146 Vgl. Mail von Günter Müller an die Verf. vom 6.1.2011.

147 Vgl. Anhang, in: MG, S. 397.

4.1.2 Der Lebenslauf von Barbara Passrugger

Am 2. Mai 1910[148] wurde Barbara Hofer Passrugger auf dem Rettenegg-Gut in Filzmoos im salzburgerischen Pongau geboren. Sie war das achte Kind der Bauernleute Johann und Anna Hofer. Neun Tage nach Barbaras Geburt starb ihre Mutter an Kindbettfieber und die Großmutter mütterlicherseits übernahm nun die täglichen Arbeiten sowie die Erziehung der Kinder. Da die neugeborene Barbara eine zusätzliche Belastung bedeutete, wurde sie der Witwe Maria Salchegger, der Oberhof-Bäuerin, überantwortet, die darüber hinaus zehn eigene Kinder versorgte. Es wurde vereinbart, dass der Vater keinen Unterhalt für Barbara bezahlte, stattdessen würde sie unentgeltlich am Hof bis zum Tod der Ziehmutter mitarbeiten. Barbara hatte es gut bei ihrer Ziehfamilie; im Jahr 1919 zog sie mit der Ziehmutter und einigen derer Kinder ins Bögreingut, da der älteste Ziehbruder den Oberhof übernahm. Neben der Schule half sie bei den Arbeiten am Hof mit, z.B. erledigte sie Botengänge oder brachte den ArbeiterInnen auf dem Feld Wasser (vgl. BP, HB, 7 ff).

Exakt mit vollendetem vierzehntem Lebensjahr war sie ausgeschult und der Lehrer verbot ihr, das Schuljahr zu beenden, obwohl es die Ziehmutter erlaubt hätte. Nun wurde ihr Alltag beschwerlicher, die Aufgaben anstrengender: Sie musste täglich mehrere Mahlzeiten zubereiten, Flachs spinnen, Mist ausstreuen, umackern und sich um das Vieh kümmern. Fiel ein Mann bei den Holz- oder Zaunarbeiten aus, nahm sie seinen Platz ein. Die harte körperliche Arbeit setzte ihr zu; sie hatte Schmerzen und konnte oft nicht einschlafen. Ferner half sie gelegentlich auf dem Hof ihres leiblichen Vaters mit und mit achtzehn vertat sie dann ihre Ziehschwester als Sennerin auf einer Alm, wo sie allein 52 Tiere betreute. Eigentlich wäre sie gern Schneiderin geworden, doch eine Lehre konnte oder wollte sich weder der Vater noch die Ziehmutter leisten (vgl. BP, HB, 83 ff).

Da Barbara ihre Aufgaben gewissenhaft erledigte, gönnte sie sich ab und zu einen Ausgleich: Sie besuchte Tanzveranstaltungen und ging einmal ins Kino in Salzburg. Die Leute im Dorf fanden dieses Verhalten verwerflich sowie anstößig und tratschten deshalb über sie. Mit sechzehn verliebte sie sich das erste Mal auf einem Tanzfest, doch die Briefe, die die beiden aneinander schrieben, kamen nie an. Vermutlich wurde diese Liaison vereitelt, da Barbara noch zu jung dafür gehalten wurde (vgl. BP, HB, 98 ff).

---

148 Vgl. Mail von Günter Müller an die Verf. vom 6.1.2011.

Im Jahr 1929 erkrankte ihre Ziehmutter an Brustkrebs, der trotz einer Operation nicht gestoppt werden konnte. Anfang des Jahres 1930 starb sie und Barbara trauerte sehr um sie. Mit einundzwanzig kehrte sie an den Hof des Vaters zurück, da ihre Schwester heiratete und somit eine Arbeitskraft fehlte. Sie arbeitete weiterhin umsonst und wenn sie bei einem anderen Bauern im Schnitt half, musste sie die Hälfte dieses Lohns abgeben (vgl. BP, HB, 106 ff).

Am 31. August 1931 bestieg Barbara als erste Frau die Südwand des Dachsteins über die Steiner-Route. Sie war gern auf den Bergen und hielt mit ihrem Bruder Schritt. 1937 zog sie erneut an den Hof ihrer verstorbenen Ziehmutter, da eine ihrer Schwestern durch die Heirat mit Barbaras Ziehbruder dort Bäuerin geworden war und Hilfe benötigte (vgl. BP, HB, 108 ff).

Ein unglücklich verheirateter Schmied machte ihr Avancen, daher bezichtigten die Leute im Dorf Barbara der Unehrenhaftigkeit. Obwohl sie seine Annäherungen abwehrte, nahm sie dennoch seine Geschenke an. Um dem Gerede zu entkommen, stimmte der Vater endlich Barbaras Bitten zu, die Haushaltungsschule in Oberalm bei Hallein besuchen zu dürfen. Der Kurs begann im November 1938 und dauerte ein halbes Jahr. Nach dem Abschluss bekam sie eine Stelle auf dem Wenghof in Radstadt, den Preußen namens Hoppenrath bewirtschafteten. Im Alter von 29 erhielt sie nun ihren ersten Monatslohn. Zunächst arbeitete sie im Haushalt, dann als Sennerin, was als gutbezahlte Arbeit galt. Dort genoss sie das gute Essen sowie die persönliche Freiheit und lernte den früheren Senner Rupert kennen, mit dem sie sich verlobte. Er wurde jedoch bald einberufen und im Sommer 1941 aufgrund von Streifschüssen an Hals und Schulter in ein Lazarett eingeliefert. Er erholte sich und die beiden verbrachten eine glückliche Zeit miteinander. Im Herbst jedoch erhielt Barbara dann die Nachricht von seinem Tod. Im selben Jahr noch starb auch ihr Vater (vgl. BP, HB, 117 ff).

Den Nationalsozialismus und den Krieg erlebte sie nur am Rande, weil sie diese Zeit vorwiegend auf der Alm verbrachte. Ihr Bruder Florian desertierte, wurde jedoch aufgespürt und angeschossen. Barbaras Dienstgeber gehörten zu Hitlers Anhängern, doch sie konnte sie nicht dazu bewegen, ihrem Bruder zu helfen, da sie selbst immer wieder Kritik am Führer und an der Partei übte. Stattdessen wurde ihr mit der Deportation nach Dachau gedroht, während ihr Bruder direkt an die Front geschickt wurde, wo er letztendlich fiel. Ihr Versuch, den Dienstgeber zu wechseln, scheiterte, also blieb sie auf der Alm, wo sie während des Krieges nie Hunger leiden musste (vgl. BP, HB, 120 ff).

Barbara begann ein Verhältnis mit einem Bauern namens Rupert aus Sankt Martin und bekam 1944 einen Sohn von ihm, den sie Franz nannte. Da ungefähr zur gleichen Zeit eine andere Frau auch sein Kind gebar, verließ sie ihn und zog Franz alleine groß. Sie kehrte zu ihrem Dienstgeber an den Wenghof zurück, wo sie weiterhin gut behandelt wurde, obwohl ledige Mütter zur damaligen Zeit häufig verachtet wurden (vgl. BP, HB, 151 ff).

Als die Frau ihres Dienstgebers starb, zog Barbara mit ihrem Sohn und zwei Kühen zunächst auf ein Wenghof-Zulehen, dann im März 1946 zum Langbruck-Bauern. Da das Haidegg-Gut, das im Besitz ihrer Familie war, verlassen war, überredeten die Geschwister Barbara, es zu übernehmen. Ihr Vater hatte es für einen seiner Söhne erstanden, der, wie bereits erwähnt, im Krieg umgekommen war. Und auch Stefan, ein anderer Bruder, der in der Zwischenzeit den Hof bewirtschaftet hatte, starb aufgrund einer Kriegsverletzung. Also zog sie am 8. Juni 1946 auf das Haidegg-Gut nach Filzmoos und fand es in einem verwahrlosten Zustand wieder: Die Wasserversorgung war mangelhaft, weder Brennholz noch Möbel oder Geschirr waren vorhanden. Sie war alleine mit der Arbeit überfordert und litt das erste Mal Hunger. Also wurde ihr nahe gelegt, sich zu verheiraten. Eine Freundin empfahl ihr einen Mann namens Johann Passrugger und ohne lange zu zögern, planten sie die Hochzeit. Kurz vorher wurde sie allerdings vor seiner Hartherzigkeit gewarnt, doch so kurzfristig wollte sie die Verlobung trotz Bedenken nicht mehr aufheben. Folglich gingen die beiden am 21. Oktober 1946 eher eine Zweck- denn eine Liebesehe ein. Barbara sah diese im Nachhinein als große Enttäuschung sowie harte Zeit und ihr Scheitern ist wohl letztendlich mit den zu unterschiedlichen Charakteren der beiden zu begründen (vgl. BP, HB, 152 ff).

Da sich Johann weigerte, als Knecht auf ihrem Hof zu arbeiten, sah sich Barbara gezwungen, ihm kurz nach der Hochzeit die Hälfte des Hofs zu überschreiben. Gemeinsam bewirtschafteten sie das Gut mit harter Arbeit und als im Juli 1947 der gemeinsame Sohn Hans geboren wurde, bedeutete das eine zusätzliche Arbeitsbelastung für Barbara. Es folgten noch vier weitere Kinder: Josef, Barbara, Maria und Stefanie. Im Mai 1951 begannen sie mit dem Neubau des Hauses, der sie in finanzielle Bedrängnis brachte, doch sie wollten das Bauernleben nicht aufgeben. Dabei waren sie auf die Hilfe von Nachbarn und Bekannten angewiesen und im Herbst desselben Jahres konnten sie dann das neue Haus beziehen (vgl. BP, SH, 18 ff).

1957 verlor Barbara ihr ungeborenes Kind im vierten Schwangerschaftsmonat, nachdem ein Nachbar betrunken in ihrer Küche aufgrund von Streitereien mit ihrem Mann randaliert hatte und ihr in den Bauch trat. Als weitere Folge konnte sie keine Kinder mehr empfangen, was Johann ihr des Öfteren zum Vorwurf machte (vgl. BP, SH, 94 ff).

In den 70er Jahren reduzierten sie den Feldbau, da einige Kinder bereits ausgezogen waren und Johann ab 1967 einer geregelten Arbeit nachging. Auch der Garten wurde mit der Zeit verkleinert und die Viehanzahl dezimiert. Barbara selbst war geschwächt von den zahlreichen Schwangerschaften sowie der harten Arbeit und erkrankte an Depressionen und Magengeschwüren. Im April 1966 erlitt Barbara einen Magendurchbruch und war nach der Operation für kurze Zeit klinisch tot, wobei sie ein Nahtoderlebnis hatte, das sie sehr prägte (vgl. BP, SH, 95 ff).

Viele Bauern verkleinerten ihren Hof und nahmen stattdessen Gäste auf. Auch Barbara vermietete ihre Almhütte an Touristen aus der Bundesrepublik Deutschland und profitierte somit nicht nur vom aufblühenden Fremdenverkehr, sondern freundete sich auch mit den Gästen an (vgl. BP, SH, 100 ff).

Im Oktober 1975 wurde ihr Mann Johann pensioniert und ein Jahr später erkrankte ihr Sohn Josef an Lymphdrüsenkrebs, dem er 1981 erlag. Im Frühjahr 1983 kaufte Johann einen kleinen Bauernhof in Vöcklamarkt in Oberösterreich für die Tochter Maria. Da diese jedoch kein Interesse an der Bewirtschaftung hatte, zog Johann im Herbst selbst dorthin. Für Barbara war die Trennung von ihrem Mann eine Erlösung und sie genoss ihre neu gewonnene Freiheit: Sie ging ihren Leidenschaften, dem Bergsteigen und Wandern, nach, besuchte Freunde sowie Verwandte und lernte mit 68 Jahren noch Schifahren (vgl. BP, SH, 102 ff).

In einer Radiosendung hörte sie, dass ältere Menschen gesucht wurden, die sich an ihre Schulzeit erinnerten und darüber erzählen möchten. Sie meldete sich und begann ihre Erinnerungen aufzuzeichnen. Es entstand ein reger Briefverkehr mit Michael Mitterauer, dem Leiter der „Dokumentation lebensgeschichtlicher Aufzeichnungen“ in Wien, der während des Zweiten Weltkriegs in Filzmoos gelebt und dort die Schule besucht hatte. Barbaras erste Texte wurden in Sammelbänden veröffentlicht. Auch ein Filmteam des ORF unter der Leitung von Elizabeth T. Spira besuchte sie und interviewte sie für den Film „Keine Zeit für Zärtlichkeit: Kindheit auf dem Lande“ der Sendereihe „Alltagsgeschichten“, der dann am 1. März 1986 erstausgestrahlt wurde. Es wurden Treffen organisiert, zu denen alle

Schreibende der „Dokumentation lebensgeschichtlicher Aufzeichnungen" eingeladen wurden und Barbara freute sich, neue Leute kennenzulernen.[149]

1987 wurde das Haidegg-Gut dem Sohn Hans überschrieben, Barbara , behielt das Wohnrecht und gemeinsam bewirtschafteten sie es. Der erste Band ihrer Autobiographie erschien im September 1989 unter dem Titel „Hartes Brot". Es folgten zahlreiche Einladungen in Rundfunk und Fernsehen, sie wurde zu Lesungen von Frauenorganisationen, Volks(hoch)schulen, Bildungshäusern und Hotels eingeladen, die sie bald selber organisierte. 1993 wurde dann der zweite Band ihrer Lebensgeschichte „Steiler Hang" veröffentlicht. Im selben Jahr kam es zu Streitigkeiten mit dem Sohn Hans wegen der Stromrechnung, die Barbara nicht zahlte, weil sie ihr zu hoch erschien und weil sie aufgrund ihrer Lesungen und Besuche nicht regelmäßig Zuhause gewesen war. Die Ursache für die Unstimmigkeiten sah Barbara nicht nur in Hans' Lebensgefährtin aus Köln, die ihn gegen sie aufzuhetzen schien, sondern auch in ihrer Leidenschaft, dem Schreiben, das zu ihrem Nebenverdienst geworden war. Ein Rechtsanwalt entschied, dass Hans nicht berechtigt war, die Stromkosten extra zu berechnen, da diese im Wohnrecht enthalten wären. Daraufhin beschloss Barbara im November 1993, das Haidegg-Gut nach 47 Jahren zu verlassen und eine Wohnung in Filzmoos zu beziehen.[150] Ihr drittes Buch wurde 1994 veröffentlicht. In „Die Berge – meine Lebenswelt" erzählte sie von ihrer Liebe zu den Bergen und deren Einfluss auf ihre persönliche Weltsicht.

Anfang des Jahres 1996 verstarb dann ihr Mann Johann, von dem sie sich nicht hatte scheiden lassen und im selben Jahr nahm sie ihren Mädchennamen Hofer wieder an.[151] 1998 veröffentlichte sie ihr letztes Buch „Mein neues Leben", in dem sie die Erlebnisse sowie Veränderungen schilderte, die das Schreiben und die öffentlichen Auftritte mit sich gebracht hatten. Am 8. August 2001 starb sie an den Folgen eines Schlaganfalls in Filzmoos.[152]

Barbara Passruggers Autobiographie erstreckt sich über zwei Bände. Sie beschreibt darin ihren persönlichen Lebensweg, bedeutende Episoden so-

---

[149] Vgl. Passrugger: Mein neues Leben, S. 35 ff.

[150] Vgl. ebda, S. 116 ff.

[151] Vgl. ebda, S. 141 ff und S. 187 ff.

[152] Vgl. http://www.salzburg.com/wiki/index.php/Barbara_Passrugger#_note-15 am 15.7.2011.

wie Etappen, aber auch das gesellschaftliche und religiöse Leben dieser Zeit. Ihre beruflichen Erfahrungen bilden dabei das Grundgerüst ihrer Erzählung.

4.1.3 Der Lebenslauf von Anna Wimschneider

Anna Wimschneider, geborene Traunspurger, kam am 16. Juni 1919 in Pfarrkirchen, einer Stadt im niederbayerischen Landkreis Rottal-Inn, als Tochter eines Bauernpaares zur Welt.[153] Die Mutter starb im Juli 1927 bei der Geburt ihres neunten Kindes; Anna war zu diesem Zeitpunkt acht Jahre alt. Der Vater vertraute das Neugeborene dessen Taufpatin an und stellte zwei Haushaltshilfen ein, die jedoch beide wahrscheinlich wegen Überforderung bereits nach kurzer Zeit den Hof wieder verließen. Aus erbschaftlichen Gründen heiratete der Vater nicht wieder, also teilten sich die ältesten Kinder die Aufgaben ihrer verstorbenen Mutter, wie das Melken, die Stallarbeit und das Füttern des Viehs. Anna übernahm das Kochen sowie Flicken und kümmerte sich um die jüngeren Geschwister. Doch binnen kurzem wälzten ihre Brüder die Verpflichtungen im Haus auf Anna ab, denn sie behaupteten, dies seien die Aufgaben einer Frau bzw. eines Mädchens. Fortan musste Anna als ältestes Mädchen diese Arbeiten alleine verrichten und von einer Nachbarin lernte sie das Kochen, Waschen und Brotbacken. Dabei trug sie ständig einen Schemel mit sich, da sie ohne ihn nicht auf die Arbeitsfläche hätte sehen können. Sie stand um fünf Uhr morgens auf, machte Feuer, erledigte die Stallarbeit, bereitete das Frühstück vor, versorgte die Kleinen und kam dann meistens zu spät in die Schule. Abends kümmerte sie sich noch bis spät in die Nacht um die Näharbeiten, wenn die anderen bereits schliefen. Wenig später verstarb die Patin und der Kleinste kehrte an den Hof zurück. Auf Gesuch des Vaters verließ Anna nach fünfeinhalb Jahren die Schule, damit sie sich ausschließlich ihren Pflichten im Haus und am Hof widmen konnte (vgl. AW, 7 ff).

Mit 17 lernte sie Albert Wimschneider auf einer Hochzeit kennen und sie verliebten sich ineinander. Doch sie sahen sich erst nach einem dreiviertel Jahr zufällig wieder, trafen sich dann aber regelmäßig jeden Sonntag. Albert stellte sich ihrem Vater vor und machte sich mit Geschenken bei Annas Geschwistern beliebt. Ihre Beziehung wurde intimer und sie beschlossen

[153] Vgl. http://de.wikipedia.org/wiki/Anna_Wimschneider am 15.7.2011.

zu heiraten. Der Vater zeigte sich zunächst ablehnend, da er seine Tochter als Arbeitskraft verlieren würde, willigte dann aber doch ein. Am 18. August 1939 heirateten die beiden standesamtlich, einen Tag später kirchlich. Die Hochzeit fiel bescheiden und dürftig aus: Es gab weder ein Festmahl noch ein Hochzeitsfoto und nach der Trauung kehrten die Brautleute wieder zu ihrer Arbeit zurück (vgl. AW, 52 ff).

Anna verließ ihr Heimathaus und zog an den Hof ihres Gatten, an dem auch Alberts Mutter, eine Tante und zwei Onkel lebten. Annas Schwiegermutter war nie mit der Heirat einverstanden gewesen, so zeigte sie offen ihren Missmut sowie ihre Abneigung. Zu Annas neuen Aufgaben zählte nun auch die Betreuung von drei gehbehinderten älteren Menschen, wobei sie auf keinerlei Unterstützung ihrer Schwiegermutter zählen konnte (vgl. AW, 72 ff).

Nach nur elf Tagen Ehe wurde Albert einberufen und Anna kümmerte sich von nun an alleine um die täglichen Arbeiten. Neben den Tätigkeiten im Haushalt und Stall, die sie bereits aus Kindheitstagen kannte, musste sie auch die Aufgaben ihres Mannes verrichten, wie Mähen oder Pflügen. Zusätzlich versorgte sie die Verwandten ihres Mannes, indem sie sie wusch, rasierte oder ihnen die Haare schnitt. Ihre Schwiegermutter kritisierte, anstatt zu helfen und zwang sie, in ihrer Kammer zu schlafen, damit kein fremder Mann sie nachts hätte aufsuchen können. Selten bekam Albert Urlaub und Anna erwartete bald ihr erstes Kind. Auch hochschwanger ging sie ihren Verpflichtungen nach. Einmal stürzte sie beim Ackern schwer und wurde auf dem Bauch liegend von den Ochsen mitgeschleift; das Ungeborene blieb unversehrt. Wütend forderte sie daraufhin beim Stabsleiter eine Hilfe für die Feldarbeit an und bekam zunächst ein junges Mädchen zugeteilt, das sie eher als Belastung denn als Unterstützung empfand. Erst als sie energisch ihr Recht einforderte, wurde ihr eine männliche Hilfskraft zugewiesen (vgl. AW, 81 ff).

Im Juli 1941 wurde Annas erste Tochter Carola geboren. Aufgrund der vielen Arbeit musste Anna das Kleinkind den älteren Verwandten anvertrauen und oft verboten ihr die Schwiegermutter sowie die Tante, das Kind zu sehen. Sobald es laufen konnte, banden sie es mit einem Strick an ein Tischbein, damit es ihnen nicht entwischen konnte (vgl. AW, 91 ff).

Aufgrund ihrer Armut fehlte es an nötiger Wäsche, Kleidern und anderen Gebrauchsgegenständen, aber Hunger leiden mussten sie während des Krieges nicht. Anna erzählt von einem Fliegerangriff auf Pfarrkirchen, von Flüchtlingen aus Ungarn und vertriebenen Sudetendeutschen sowie von den Amerikanern, die ihr Haus durchsuchten. Im Jahr 1944 erlitt Albert eine schwere Schussverletzung am Hals, wurde operiert und verbrachte den Rest der Kriegszeit in verschiedenen Lazaretten. Ende April 1945 kehrte er endlich zu Anna zurück, blieb jedoch arbeitsunfähig. Als er bemerkte, wie schlecht seine Mutter Anna behandelt hatte, schickte er sie vom Hof fort, was Anna als große Erleichterung empfand.

Bald darauf erlitt die Tante einen Schlaganfall und wurde halbseitig gelähmt; Anna übernahm aufopferungsvoll die Pflege. Bevor die Tante starb, bereute sie, dass sie sich von der Schwiegermutter hatte gegen Anna aufhetzen lassen, und Anna vergab ihr. Wenige Jahre später starben auch die beiden Onkel, die Anna jahrelang selbstlos umsorgt hatte (vgl. AW, 100 ff).

Im Juni 1949 kam Annas zweite Tochter Christine zur Welt und am selben Tag starb ihr Vater (vgl. AW, 120). Ihre wirtschaftliche Lage verbesserte sich im Laufe der Zeit: Sie investierten in Zuchtsauen, bauten die Ställe um, ersetzten den Ochsen mit einem Pferd und kauften technische Geräte, um die Arbeit zu erleichtern (vgl. AW, 129 ff). Im Jahr 1952 wurde die dritte Tochter Monika geboren und acht Jahre später zogen sie in das neue Haus ein (vgl. AW, 137).

Die Jahre vergingen: Carola, die Älteste, wurde Krankenschwester, Christine machte eine kaufmännische Lehre und Monika arbeitete nach Abschluss einer Oberschule in München (vgl. AW, 137 ff). Anna erkrankte an Asthma und Diabetes, weswegen sie die Stallarbeit sowie das Vieh aufgeben musste, da das dort herrschende Klima wohl die Ursache für ihren kritischen Gesundheitszustand war. Albert fand Arbeit in einem nahegelegen Betrieb, während Anna viel Zeit im Krankenhaus verbringen musste. Sie litt an schweren Herzrhythmusstörungen und musste sich auch einer Gallenoperation unterziehen (vgl. AW, 146 ff).

1983 begann sie dann ihre Lebenserinnerungen für ihre Kinder und Enkel aufzuzeichnen, die 1984 unter dem Titel „Herbstmilch“ beim Piper Verlag veröffentlicht wurden. Es folgten zahlreiche Auftritte bei Lesungen, Fernsehshows, Radiosendungen sowie anderen öffentlichen Veranstaltungen. Ihre Autobiographie verkaufte sich mehr als zwei Millionen Mal und wurde 1988 vom bayrischen Regisseur Joseph Vilsmaier verfilmt. Zwei Jahre später wurde sie mit dem Bundesverdienstkreuz für ihre Lebensleistung ausgezeichnet. Am 1. Jänner 1993 starb sie dann in Pfarrkirchen an den Folgen eines Schlaganfalls.[154]

In ihrer einteiligen Autobiographie stellt Wimschneider vor allem ihre persönliche Lebensgeschichte in den Vordergrund: Sie schildert Kindheits- und Jugenderinnerungen, die Liebesgeschichte zwischen ihr und ihrem Mann Albert, berichtet von Schicksalsschlägen sowie Glücksmomenten und erzählt Anekdoten aus ihrem Umfeld. Sie spricht Themen an, wie zwischenmenschliche Beziehungen, Liebe, Not, Krankheit, Arbeit und Sexualität, und hebt dabei insbesondere die emotionale Dimension hervor. Sie veranschaulicht zusätzlich den bäuerlichen Alltag, die Brauchtümer sowie Arbeitsvorgänge, die heute nahezu vergessen sind.

4.2 Der Schreibprozess als Erinnerungsakt

4.2.1 Die Entstehung der Texte

1982 leitete der Sozialhistoriker Michael Mitterauer ein Seminar mit dem Titel „Ich kam vom Land in die Stadt", das in Zusammenarbeit des Instituts für Wirtschafts- und Sozialgeschichte der Universität Wien mit der Volkshochschule Ottakring zustande kam. Hierbei wurden ältere Menschen eingeladen, von ihren lebensgeschichtlichen Erfahrungen zu diesem Thema zu berichten. Das große Interesse und die Begeisterung auf beiden Seiten führten dazu, dass das Projekt über mehrere Jahre hinweg verfolgt wurde und die im Laufe dieser Zeit angefertigten und gesammelten Schriften 1988 mit dem Titel „Ottakringer Lesebuch" veröffentlicht wurden. Ein Freund der Enkelin von Maria Gremel, der an diesem Seminar teilnahm, erfuhr von deren handschriftlich verfassten Kindheits- und Jugenderinnerungen, die sie 1976 im Alter von 75 für die eigene Familie aufgeschrieben hatte, und brachte sie mit. Das Manuskript fand großen Anklang, worauf sich Gremel an der Gesprächsrunde beteiligte. Bald wurde in Erwägung gezogen, den Text zu publizieren. Zwei Verlage lehnten jedoch eine Publikation ab mit der Begründung, der Markt verlange nicht nach populären Autobiographien aus dem bäuerlichen Milieu. 1983 entschloss sich dann der Böhlau Verlag, das Manuskript zu verlegen und noch im selben Jahr

154 Vgl. http://biografien-news.blog.de/2006/08/10/anna_wimschneider_die_bauerliche_bestsel~1027727/ am 15.7.2011.

erschien das Buch mit dem Titel „Mit neun Jahren in Dienst. Mein Leben im Stübl und am Bauernhof. 1900–1930“, das von den ersten dreißig Jahren in Gremels Leben erzählt.[155] Der Erfolg blieb nicht aus: Bereits nach einem Monat war die erste Auflage vergriffen.[156] Zahlreiche LeserInnen ließen Gremel per Brief Anerkennung und Bestätigung für den Mut zukommen, ihre persönlichen Erinnerungen zu veröffentlichen.[157] Sie wurde in Sendungen für Rundfunk und Fernsehen eingeladen, trat auf öffentlichen Veranstaltungen auf und war Thema in etlichen Artikeln.[158] Neben anderen lebensgeschichtlichen Schriften wurden auch Auszüge aus ihren Aufzeichnungen in der Radiosendung „Familienmagazin“ von Österreich-Regional vorgelesen, bevor die ZuhörerInnen aufgerufen wurden, ähnliche autobiographische Texte einzusenden. Die Resonanz war groß und die eingesandten Manuskripte bildeten den Grundstock der bereits erwähnten „Dokumentation lebensgeschichtlicher Aufzeichnungen“ am Institut für Wirtschafts- und Sozialgeschichte in Wien.[159] Ursprünglich sollte Gremels Buch den Titel „Damit es nicht verlorengeht…“ tragen, doch diese Sentenz wurde letztendlich zum Leitgedanken der Reihe des Böhlau Verlags, dessen erster Band Gremels Text wurde. 1991 wurde dann ihr zweites Buch „Vom Land zur Stadt. 1930–1950“ veröffentlicht, die Fortsetzung ihrer Lebensgeschichte.[160]

Barbara Passrugger war eine jener, die der Aufforderung der Radiosendung „Familienmagazin“ folgten. Sie schickte im März 1985 einen Lebenslauf an Mitterauer, wonach es zur Zusammenarbeit mit der „Dokumentation lebensgeschichtlicher Aufzeichnungen“ kam.[161] Zu Beginn publizierte Passrugger kürzere themenbezogene Texte, wie z.B. einen autobiographischen Beitrag zum Band „Hände auf die Bank…“, der Schulerinnerungen der älteren Generation enthält, oder „Als das Licht kam“, Texte zur Elektrifizierung, die ebenso im Böhlau Verlag veröffentlicht wurden. Bald wurde der Beschluss gefasst, eine umfassende Autobiographie zu erstellen, bei deren Anfertigung Ilse Maderbacher sie unterstützen sollte und im Jänner

155 Vgl. Mitterauer: „Ich in der Geschichte“, S. 245 ff.

156 Vgl. Mitterauer: „Aber arm wollte ich nicht sein“, S. 159.

157 Die Reaktionen auf Barbara Passruggers „Hartes Brot“ sind vergleichbar (vgl. Mitterauer: „Ich in der Geschichte“, S. 254.).

158 Vgl. Mitterauer: Vorwort zu Gremel, S. 5 f.

159 Vgl. Mitterauer: „Ich in der Geschichte“, S. 247.

160 Vgl. Mitterauer: Vorwort zu Gremel, S. 5.

161 Vgl. Maderbacher: Nachwort in „Hartes Brot“, S. 169.

1986 auf Passruggers Hof kam. Siebenundzwanzig Tonbandaufnahmen, deren Transkription von Passrugger bearbeitet wurde, sowie achtzig Seiten eigene handschriftliche Aufzeichnungen bilden die Basis für den 18. Band der Reihe „Damit es nicht verlorengeht…“. Während dieses Entstehungsprozesses fehlte es nicht an Reaktionen in Passruggers Familie sowie dem dörflichen Umfeld. Ihre Söhne Hans und Franz entfachten eine Diskussion über die persönlichen Informationen, die preisgegeben werden sollten. Daher wurden die Inhalte (besonders rund um Passruggers Vater) so abgefasst, dass eine Veröffentlichung keine Persönlichkeitsrechte verletzten. Gezielte Fragen von Maderbacher beeinflussten die Themen und Aspekte, die schließlich den fertigen Text „Hartes Brot. Aus dem Leben einer Bergbäuerin“ bilden, der 1989 auf den Markt gebracht wurde.[162] Ein Jahr später verklagte jedoch die AHS-Lehrerin Maderbacher den Böhlau Verlag wegen der Autorenschaft. *Profil* berichtete, dass sie sich um ihren Anteil an dem Buch betrogen fühle, denn laut ihr sollte nicht Passrugger als Autorin genannt werden, sondern sie selbst. Obwohl sie das vereinbarte Honorar für ihre Leistung erhalten hatte, so der Böhlau Verlag, ging sie vor Gericht.[163] Noch während dieses Streits plante Passrugger bereits die Fortsetzung ihrer Autobiographie, die ähnlich wie der erste Text konzipiert und erarbeitet wurde. Ein Teil des zweiten Bandes wurde von Passrugger selbst 1989 handschriftlich verfasst und größtenteils unverändert für die Endfassung verwendet. Nur leichte inhaltliche Korrekturen sowie eine strukturelle Umgestaltung wurden von Georg Hellmich vorgenommen, die dem Leseverständnis dienen und Passruggers eigenen Stil nicht beeinträchtigen sollten. Der andere Teil basiert auf dreißig Stunden Tonbandaufnahmen, deren Transkription von Passrugger überarbeitet wurde. Die Aufnahmen bestehen aus Gesprächen zwischen Passrugger und Hellmich, die spontan im Laufe des Tages während alltäglichen Tätigkeiten entstanden, wie beim Kochen, Spazierengehen oder Essen. Für dieses Projekt verweilte Hellmich mehrere Monate des Jahres 1992 auf dem Hof und gemeinsam arbeiteten sie intensiv, jedoch in möglichst ungezwungener Atmosphäre am zweiten Band „Steiler Hang“, der 1993 veröffentlicht wurde. Passruggers zweiteilige Autobiographie blieb jedoch nicht die letzte Publikation autobiographischer Erinnerungen.[164]

---

162 Vgl. Maderbacher: Nachwort in „Hartes Brot“, S. 170 f.

163 Vgl. Tomandl Susanne: Juristischer Ringkampf. Wer schrieb den Bauern-Beststeller „Hartes Brot“? In: Profil, Nr. 50., vom 10.12.1990.

164 Vgl. Hellmich: Nachwort in „Steiler Hang“, S. 109 ff.

Anna Wimschneider begann ihre Lebensgeschichte festzuhalten, als sie im Alter schwer erkrankt und dem Tod knapp entkommen war. Anfang des Jahres 1982 füllte sie für ihre Töchter und Enkel zwei Schulhefte in Sütterlinschrift mit ihren Erinnerungen. Bei einer Feier im Hause der Tochter Christine dann entdeckte ein Gast zufällig die Hefte und lieh sie sich aus. Über mehrere Hände gelangten sie letzten Endes zu Katrin Meschkowski, der Ex-Frau des Verlegers Ernst-Reinhard Piper. Dieser veröffentlichte Wimschneiders Text 1984 unter dem Titel „Herbstmilch" und löste damit einen großen Erfolg aus. Die *Frankfurter Rundschau* berichtete wenige Tage nach dem Tod Wimschneiders im Jahr 1993, dass das Buch in mehrere Sprachen übersetzt und über zwei Millionen Mal verkauft wurde, von Hardcover über Paperback bis hin zur Ausgabe mit 45 Fotos aus Wimschneiders Leben. Wimschneiders Text wurde für die Publikation überarbeitet, wobei Katrin Meschkowski versuchte, auf die Besonderheit von Wimschneiders Erzählstil und Sprache einzugehen. 1988 wurde das Buch vom bayrischen Regisseur Joseph Vilsmaier unter demselben Titel verfilmt, der mehrere Preise erhielt und in verschiedene Länder, wie Russland oder Japan, verkauft wurde.[165] Dass Piper den Erfolg dieser Autobiographie wirtschaftlich bestens zu nutzen wusste, zeigt eine weitere Veröffentlichung Wimschneiders, die zwar nicht aus ihrer Feder stammt, aber unter ihrem Namen verlegt und daher erfolgreich verkauft wurde. 1991 erschien das Buch "‘Ich bin halt eine vom alten Schlag‘. Geschichten vom bäuerlichen Leben einst und jetzt". Wimschneider wird zwar als Autorin genannt, hat jedoch keine Textzeile davon selbst geschrieben, sondern es besteht aus Gesprächen mit Katharina Meschkowski in der Zusammenarbeit mit Annas Mann Albert sowie knapp hundert Bildern.[166]

Vergleicht man nun den Verlauf der Textproduktion, erkennt man klare Unterschiede in der Prioritätensetzung – nicht bei den Autorinnen selbst, sondern beim/bei der BetreuerIn bzw. den Verlegern. Die „Dokumentation lebensgeschichtlicher Aufzeichnungen" in Wien sowie der Böhlau Verlag legen sichtlich Wert auf eine nachvollziehbare und überschaubare Textbearbeitung als auch auf zusätzliche Informationen. Dabei kristallisiert sich eine wissenschaftliche Vorgehensweise heraus. Sie legen den Entste-

165 Vgl. Fabritius, Dieter: Die Armensuppe als Luxusausgabe. In: Der Standard, vom 4.5.1990.

166 Vgl. Hoenig, Matthias (dpa): Ein Frauenleben. „Herbstmilch"-Autorin Anna Wimschneider gestorben. In: Frankfurter Rundschau, Nr. 2, vom 4.1.1993.

hungs- sowie Korrekturprozess offen in einem Nachwort dar und informieren das Publikum über den bäuerlichen Alltag jener Zeit. Die Jubiläumsausgabe von Gremel, die aus beiden Teilen besteht, enthält sogar einen Abschiedsbrief Gremels an die Familie, der wahrscheinlich im Jahr 1956 vor einer Operation entstanden war und der einige Tage nach Gremels Tod 1991 geöffnet wurde. Solche zusätzlichen Informationen zur Lebensgeschichte geben über den eigentlichen Text hinaus Einblick in das Leben der Bäuerinnen und bewirken beim Publikum ein Gefühl von Authentizität und Nähe zur Autorin. Ein Glossar, wie es bei Passrugger sowie Wimschneider zu finden ist, soll dialektale und fachbegriffliche Ausdrücke erläutern, damit ein Verständnis über räumliche, zeitliche und soziale Grenzen hinaus gesichert werden kann. Im Gegensatz dazu stellt der Piper Verlag die autobiographischen Erinnerungen Wimschneiders in den Vordergrund, ohne auf die Korrekturen durch Katrin Meschkowski einzugehen. Insgesamt kann man konstatieren, dass Gremels und Passruggers Lebensgeschichten, die beide im Böhlau Verlag erschienen sind, stärkeren dokumentarischen Charakter aufweisen als Wimschneiders Autobiographie, die ohne außertextuelle Erklärungen literarisch-fiktiv wirkt.

Tatsächlich ist der Entstehungsprozess bei populären autobiographischen Texten oft undurchsichtig und kaum dokumentiert. Die AutorInnen sind meist ungeübte Schreiberinnen ohne höheren Schulabschluss und meinen darum oft, einem bestimmten sprachlichen und inhaltlichen Niveau genügen zu müssen. So erging es auch Barbara Passrugger, die Jahre später von der „Befürchtung, es nicht richtig hinzubringen und schreiben zu können“,[167] berichtet. Aufgrund enormer Unsicherheit beim Erstellen von Texten sowie hoher Erwartungshaltungen an ihre eigenen Fähigkeiten bitten viele Schreibende Verwandte oder Bekannte, ihren Text zu verbessern. Wenn ein Manuskript dann in einem Verlag oder einer Dokumentationsstelle eintrifft, lässt sich nicht mehr nachvollziehen, was genau korrigiert bzw. verändert wurde. Dabei können nicht nur Inhalte, sondern v.a. auch sprachliche Besonderheiten, wie dialektale Ausdrücke oder Archaismen, verändert oder gar getilgt werden. Dies geschieht meist im Fehlglauben, dass die von der Standardsprache abweichenden Ausdrucksweisen, aber auch Nebeninformationen, die für unbedeutend erachtet werden, für die Forschung oder ein öffentliches Publikum irrelevant seien. Durch eine Korrektur dieser Art verliert die Aufzeichnung nicht nur an Authentizität, sondern v.a. auch an sprachwissenschaftlichem sowie sozialgeschichtli-

[167] Passrugger: Mein neues Leben, S. 36.

chem Wert. Der eigentliche Text mit seinen für die Wissenschaft relevanten Informationen ist verloren und kann nicht mehr rekonstruiert werden. Daher sollten nur Fachleute entscheiden, ob ein Redigieren notwendig ist und wie diese Bearbeitung auszusehen hat, damit der Text nicht an Originalität und wissenschaftlichem Wert einbüßt. Anna Wimschneiders „Herbstmilch“ ist ein Beispiel für eine unbelegte Überarbeitung, denn die Korrekturen werden nicht weiter erklärt oder nachvollziehbar gemacht.[168] Für die Literaturwissenschaft ist diese Thematik weniger von Bedeutung, da ein Eingreifen in den Entstehungsprozess bzw. den fertigen Text keine erheblichen Auswirkungen auf die Rezension hat. Für die Sozialgeschichte dagegen hat ein solcher Eingriff in den Text weit mehr Konsequenzen, da die inhaltlichen und sprachlichen Besonderheiten, wie die Beschreibung alter Traditionen oder dialektale Färbungen, verfälscht werden können. Christine Burckhardt-Seebass konstatiert, dass dabei v.a. Frauen in ihrer Ausdrucksweise korrigiert werden.[169]

4.2.2 Die Schreibintention

Michael Mitterauer merkt an, dass v.a. in Momenten des Umschwungs und der Veränderungen das Bedürfnis entsteht, die eigene Lebensgeschichte aufzuschreiben, um sich selbst einen Überblick über die persönliche Vergangenheit zu verschaffen, aber auch, um sie für andere zu bewahren.[170] Tatsächlich zeigt sich im Leben aller drei Bäuerinnen ein Wandel ihrer Lebensumstände, als sie beginnen, ihre Erinnerungen festzuhalten: Anna Wimschneiders Töchter waren bereits ausgezogen und das Ehepaar lebte in den 70er Jahren in geregelten Verhältnissen. Während ihr Mann Albert in der Nähe arbeitete, kümmerte sich Wimschneider um den Hof. Eine asthmatische Allergie nötigte sie dann allerdings, diese Tätigkeit aufzugeben und den Großteil des Viehs sowie der landwirtschaftlichen Flächen zu verpachten oder zu verkaufen. Nach langen Krankenhausaufenthalten und kritischem Gesundheitszustand verbesserte sich dann ihr Befinden und es überkam sie der Wunsch, ihrer Nachkommenschaft von ihrer Vergangen-

168 Vgl. Burckhardt-Seebass, S. 137.

169 Vgl. ebda, S. 136 ff.

170 Vgl. Mitterauer: „Ich in der Geschichte“, S. 260.

heit zu erzählen.[171] Auch Maria Gremel spürte den Drang, ihrer Familie nach ihrem Tod ein paar Worte zu hinterlassen, weshalb sie vor einem chirurgischen Eingriff 1956 einen Abschiedsbrief schrieb, der nach ihrem Tod geöffnet werden sollte.[172] Ihre Lebensgeschichte brachte sie dann 1976 als Rentnerin zu Papier, also zu einer Zeit, die nicht mehr die bisher gekannten Alltagsarbeiten und Mühen abverlangte, sondern in die Ruhe eingekehrt war. Ihre Familie zeigte anfangs wenig Interesse an ihren Aufzeichnungen und Gremel hätte sie einmal beinahe verbrannt. Sie gibt an, das Vergangene schriftlich festhalten zu wollen, *um den Rest meines Daseins auszufüllen, oder um längst vergangene Erinnerungen aufzufrischen.* (MG, 15) Sie wollte, dass altes Wissen sowie persönliche Erfahrungen nicht verloren gehen, sondern an die nächsten Generationen überliefert werden.[173] Auch Passruggers Alltag hatte sich geändert: Die räumliche Trennung von ihrem Mann gab ihr das Gefühl von zurückgewonnener Freiheit und Selbstbestimmung. Auch die Übergabe des Guts an einen ihrer Söhne veränderte ihre gewohnte Situation, denn damit gab sie auch ein Teil der Verantwortung ab. Sie wollte mit ihren autobiographischen Texten v.a. junge Leute erreichen und ihnen anhand ihrer eigenen Geschichte Zuversicht und Optimismus trotz Schicksalsschlägen vermitteln.[174]

Christine Burckhardt-Seebass weist auf ein Schreibmotiv der älteren Generation hin, das auf soziale Rahmenbedingungen basiert und kennzeichnend für die heutige Zeit ist. Die SeniorInnen unserer Zeit gehören nämlich zu den ersten Generationen, die in den Genuss staatlicher Rentenversicherungen kommen und daher meist einem geregelten Leben nachgehen können. Burckhardt-Seebass beobachtet, dass sie daher meist viel Freizeit, aber fehlende soziale Kontakte und wenig Geld zur Verfügung haben. Das Schreiben bietet sich also als ein kostengünstiger und flexibler Zeitvertreib an.[175] So erzählt z.B. Gremel, dass sie Kreuzworträtsel löst, unterschiedliche Kurse an der Volkshochschule besucht und viel strickt, das Schreiben sich aber bald als das finanziell schonendste Hobby entpuppt:

---

171 Vgl. Fabritius, Dieter: Die Armensuppe als Luxusausgabe. In: Der Standard, vom 4.5.1990.

172 Er enthält keine lebensgeschichtlichen Erinnerungen, sondern sie richtet das Wort an jedes ihrer Kinder, spricht ihnen Mut zu, bittet sie, sich um ihren Mann zu kümmern und erwähnt ein Wiedersehen im Himmel.

173 Vgl. Mitterauer: „Ich in der Geschichte“, S. 246 ff.

174 Vgl. Hellmich: Nachwort in „Steiler Hang“, S. 114.

175 Vgl. Burckhardt-Seebass, S. 142 f.

> Da […] alles für meine Börse viel Geld kostete, verlegte ich mich ganz auf das Schreiben. Mein Sohn brachte mir von seiner Firma halbseitig bedrucktes Computerpapier: Da konnte ich die andere Seite beschreiben – das kostet mich nichts.[176]

Die drei Frauen stammen alle aus einer Zeit und einem Milieu, wo die Kunst, also auch die Literatur, keinen großen Stellenwert hatte. Die Bildung beschränkte sich zumeist auf den Pflichtschulabschluss, aber es kam auch vor, dass die Schule früher abgebrochen wurde. Die körperliche Arbeit auf dem Hof war lebensnotwendig und das Lesen sowie Schreiben belanglos und untergeordnet. Barbara Passrugger erzählt in ihrem Buch „Mein neues Leben“ vom Stellenwert des Lesens:

> Es war ja schon das Lesen mehr oder weniger verboten. Das mußte man oft heimlich machen. Es gab ja auf dem Land keine Bücher oder Zeitschriften. Als junger Mensch hätte man sich vor den anderen nicht zu lesen getraut, das wäre ja reine Zeitverschwendung gewesen, beim Lesen konnte man ja nicht arbeiten. Und wem hätte das Lesen genutzt? Das war ja auch eher verdächtig.
>
> […] Wenn ich mal gelesen habe, dann hat es schon geheißen: „Das ist ja keine Arbeit. Schau, daß du dies oder jenes tust! Du verplemperst ja Zeit! Das geht nicht!“
>
> Ans Lesen war untertags gar nicht zu denken, nicht einmal an einem Sonntag hätte man sich in der Stube hinsetzen können, um in Ruhe zu lesen.[177]

Dass die Auseinandersetzung mit der eigenen Vergangenheit – unabhängig in welcher medialen Form – mit der Psychoanalyse verglichen werden kann, erwähnte bereits Sigmund Freud. Das tatsächlich Erlebte tritt dabei in den Hintergrund, während die individuelle Sichtweise sowie die sprachliche Vertiefung mit der eigenen Lebensgeschichte an Relevanz gewinnen. In diesem Zusammenhang spricht Marilyn R. Chandler vom autobiographischen Schreiben als „writing cure“, da durch das Erzählen der persönlichen Lebensgeschichte eine Umstrukturierung des Vergangenen erreicht werden kann. Sie sieht den Akt des Schreibens deutlich als Aufarbeitungs- und Bewältigungsmöglichkeit des Erfahrenen.[178] Passrugger schildert ähn-

---

176 Ottakringer Lesebuch, S. 173.

177 Passrugger: Mein neues Leben, S. 72 f.

178 Vgl. Wagner-Egelhaaf, S. 34 ff.

liche persönliche Erfahrungen mit dem autobiographischen Schreiben in „Mein neues Leben“: Sie sinniert über das Schreiben und ihre selbstorganisierten Lesungen, die sich im Laufe der Zeit immer mehr zu Erzählstunden abwandelten, und entdeckt dabei viele positive Auswirkungen:

> Vieles hat sich durch das Schreiben verändert. Ich stelle mir vor, daß ich einsamer wäre, wenn ich nicht geschrieben hätte: Weil mir durch das Schreiben so viel reinkommt. Ich habe viel Freude seither erlebt.
>
> Ich habe viele neue Freunde gewonnen, und das ist in meinem Alter schon recht ungewöhnlich. [...]
>
> Ich habe schon durch das Schreiben und dadurch, daß ich mit so vielen zusammenkomme, das positive Denken mehr entwickelt für mich selber. Früher hatte ich mehr Gedanken über die Wirtschaft, über das Vieh. Heute denke ich mehr über Menschen nach.[179]
>
> Ich glaube, daß das Schreiben bei Depressionen helfen könnte. Damals habe ich ja noch gar nicht an das Schreiben gedacht. Wenn ich mich damals hingesetzt hätte und hätte meine Schwere zu Papier gebracht, wäre es sicher besser gewesen. Man kann sich irgendwie mitteilen – und wenn es auch nur für sich auf einem Blatt Papier ist. Das ist schon so, daß man sich wieder Mut macht, und man bringt auch viel Schlimmes aufs Papier.
>
> Und es ist auch jetzt so, daß nicht alles rosig und problemlos ist, aber wenn ich mich hinsetze und schreibe, dann sind die Gedanken schon wieder weg, und es ist schon wieder irgendwie leichter.[180]

Michael Mitterauer erkennt klare Unterschiede in der Intention des autobiographischen Schreibens – je nachdem, ob die Texte aufgrund von (öffentlichen) Aufrufen verfasst werden oder auf eigene Initiative hin. Authentischer wirken die Manuskripte, wenn sie für einen privaten Kreis und nicht für die Wissenschaft und/oder im Hinblick auf Veröffentlichung geschrieben werden. Schriftliches Erinnern ist elementarer als ein mündliches Gespräch und lässt inhaltliche Zusammenhänge besser erkennen. Dass viele das Schreiben daher als Selbsttherapie erfahren, kommt häufig vor, da sie dabei Erlebtes neu reflektieren. Dies gehört jedoch laut Mitterauer nicht

---

179 Passrugger: Mein neues Leben, S. 151.

180 Ebda, S. 46.

in den Sachbereich eines Sozialhistorikers, ermöglicht allerdings der Literaturwissenschaft eine psychoanalytische Interpretationsmöglichkeit. Während die Sozialgeschichte bei einer fachgemäßen Autobiographie Wert auf schriftliche und mündliche Quellen sowie einen detaillierten Bericht über die Methode und den Ablauf der Arbeitsschritte legt, lässt die Literaturwissenschaft mehr Raum für Fiktion und Dichtung. Gremels und Passruggers Schriften sind nach Mitterauers Vorstellungen entstanden und verlegt worden, also mit einem ausführlichen Nachwort zur Erklärung des Entstehungsprozesses. Im Gegensatz dazu fehlt bei Wimschneiders Autobiographie die Durchschaubarkeit der Vorgehensweise sowie die Erläuterung der Korrekturarbeit durch andere. Man sollte allerdings nicht vergessen, dass bei einer Autobiographie der Inhalt auf persönlichen Erfahrungen beruht und daher etwas sehr Intimes und Emotionales für den/die VerfasserIn ist, das einem öffentlichen Publikum preisgegeben wird. Populäre Autobiographien sind für die Sozialhistorik deswegen bedeutend, weil sie Rückschlüsse auf die Weltsicht einer Generation, den Sitten und Bräuche ermöglichen. Aus diesem Grund zeichnen viele Menschen ihre Lebensgeschichte auf: damit Wissen aber auch individuelle Erinnerungen bewahrt, Wertvorstellungen und Denkmuster nachvollzogen sowie Traditionen belegt werden können.[181] Die Literaturwissenschaft hat noch nicht den Zugang zu populären Autobiographien gefunden, schließlich nimmt die Trivialliteratur nach wie vor eine Außenposition ein.[182]

4.2.3 Literarische Mittel

Die Gemeinsamkeiten von Gedächtnis und Literatur zeigen sich in der Verwendung von Symbolen (Verdichtung), in den Erzähl- (Narration) sowie Gattungsmustern,[183] folglich ist die Abweichung zwischen mündlichem lebensgeschichtlichem Erzählen und autobiographischem Schreiben nicht überaus markant. Allerdings fällt es ungeübten SchreiberInnen leichter, sich bei der Textproduktion an den Merkmalen des Mündlichen zu orientieren. Schwierigkeiten bereiten weniger der Inhalt, da die Wiedergabe von Erlebtem sowie Erfahrenem im Alltag allgegenwärtig ist, sondern das

[181] Vgl. Mitterauer: „Ich in der Geschichte", S. 248 ff.

[182] Vgl. Kapitel 3.4.1.2 Trivialliterarische Merkmale einer Autobiographie.

[183] Vgl. Kapitel 3.1. Gemeinsamkeiten und Unterschiede von Gedächtnis und Literatur.

Ausmaß einer Autobiographie, das sich mit einer mündlichen Kommunikationssituation nicht vergleichen lässt. Komplex in diesem Zusammenhang sind der Aufbau, die Gliederung sowie der rote Faden, die bei einem Umfang dieser Textsorte eine ungewohnte Herausforderung bedeuten. Auch DialektsprecherInnen, wie es die hier genannten Autorinnen sind, fällt es nicht leicht, sich schriftlich in der Standardsprache auszudrücken, da sich ihre Kommunikationskompetenz hauptsächlich auf das Mündliche, also den Dialekt, konzentriert hat und nur in Ausnahmefällen die Standardsprache gebraucht wurde, wie z.B. im Kontakt mit TouristInnen aus Deutschland. Tonbandaufnahmen, die wie bei Passrugger den Schreibprozess unterstützen können, erleichtern LaienschriftstellerInnen das Formulieren und Verfassen von Manuskripten, da sie als Grundlage für den schriftlichen Text nicht nur eine inhaltliche, sondern auch sprachliche Struktur vorgeben.

Print- sowie elektronische Medien speichern und tradieren Informationen, also auch individuelle Erinnerungen und Erfahrungen. Sie sind in einen bestimmten Rahmen (cadres médiaux) eingebettet, der sich auf die persönliche Vorstellung sowie Auslegung dieses Wissens auswirkt.[184] So besteht die Erwartung des Publikums an eine Autobiographie in der Wiedergabe einer wahren Lebensgeschichte – die jedoch je nach Medium unterschiedlich aufgenommen wird: Eine mündliche Darstellung von autobiographisch Erlebtem ist nicht nur der Flüchtigkeit der zeitlichen sowie räumlichen Kommunikationssituation preisgegeben, sondern mindert auch den Authentizitätsanspruch, während ein Lebensbericht in schriftlicher Form Wahrheit und Folgerichtigkeit vermittelt. Fakten in gedruckter Form oder via Rundfunk bzw. Fernsehen verbreitet besitzen mehr Glaubhaftigkeit als mündlich weitergegebene Informationen. Bilder unterstreichen zudem die Richtigkeit der beschriebenen Erfahrungen und verleihen dem Text eine Spur eines Tatsachenberichts bzw. einer Reportage. Den Büchern von Maria Gremel und Barbara Passrugger wurden genau aus diesem Grund Fotos aus ihrem Privatbesitz hinzugefügt. Der Böhlau Verlag setzt diese bewusst ein, um die Wirklichkeit des Beschriebenen zu betonen und die fiktiven Elemente, die eigentlich zu jeder Erinnerung gehören, in den Hintergrund gleiten zu lassen. Die Verbreitungsmöglichkeit ist bei schriftlichen Berichten natürlich größer als bei mündlichen und sie überwinden ebenso die zeitliche Begrenzung. Die Beziehung zum/zur ErzählerIn und die Interaktion mit ihm/ihr fällt allerdings weg.

184 Vgl. Kapitel 3.3. Gedächtnis und Medien.

Eine Autobiographie wird rückblickend geschrieben und bedient sich dabei verschiedener Erzählzeiten: Bei direkter Rede verwendet man die zeitdeckende, bei Spannung oder Beschreibungen die zeitdehnende.[185] Markant für dieses Genre ist sicherlich die zeitraffende Erzählzeit – schließlich werden mehrere Jahrzehnte geschildert. Der Lebensbericht wird in mehrere Abschnitte geteilt, auf die in unterschiedlicher Ausführung eingegangen werden kann. Die klassische Reihenfolge ist die chronologische: Kindheit, Jugend, Erwachsenenalter und Lebensabend. Dabei wird zusammenfassend erzählt, wobei auf bestimmte wichtige Geschehnisse oder Zeitspannen eingehender als auf andere eingegangen wird. Das hängt einerseits von der Stärke der Erinnerung ab, andererseits von der Bedeutung im Gesamtzusammenhang.[186]

4.3 Formale Merkmale

4.3.1 Das Genre „Autobiographie“

4.3.1.1 Das Abrufen von Erinnerungen

Wird die eigene Lebensgeschichte retrospektiv erinnert, unterscheidet Michael von Engelhardt zwischen einem Gegenwarts-Ich, das die Ereignisse erzählt, und einem Vergangenheits-Ich, von dem berichtet wird. Er spricht in diesem Zusammenhang von einer biographisch-historischen Doppelung. Die beiden unterschiedlichen Ichs unterscheiden sich in ihren Erfahrungen und Erlebnissen, sind aber gleichzeitig Teil derselben Person. Aus dem Vergangenheits-Ich wird im Laufe der Jahre das Gegenwarts-Ich, das rückblickend das Vergangene wiederbelebt, kommentiert und Zusammenhänge entdeckt.[187]

Das Abrufen von gespeichertem Wissen und Erinnerungen kann entweder durch innere oder äußere Reize erfolgen – es kann also ein bewusster oder unbewusster Akt sein.[188] Beim Erstellen einer Autobiographie reichen die spontanen Einfälle nicht aus, daher ist ein systematisches Vorgehen von-

185 Vgl. Kapitel 3.4. Literarische Inszenierung von Gedächtnis und Erinnern.

186 Vgl. Kapitel 4.3.2 Der Aufbau der Texte.

187 Vgl. von Engelhardt: Biographie und Identität, S. 216 f.

188 Vgl. Kapitel 2.1.3 Die drei Arbeitsprozesse des Gedächtnisses.

nöten, indem das Vergangene durch einen bewussten Erinnerungsprozess ins Gedächtnis gerufen werden muss. Da eine autobiographische Aufzeichnung möglichst alle bedeutenden Fakten und Geschehnisse beinhalten sollte, unterstützen Abrufreize z.B. in Form einer chronologischen oder thematischen Herangehensweise den Erinnerungsprozess. Alle drei Autorinnen haben die klassische zeitliche Strukturierung gewählt: von der Kindheit über die Jugend und das Erwachsenenalter bis hin zur Gegenwart. Da allerdings die einzelnen Perioden aus unzähligen Einzelerfahrungen sowie sich ähnelnden Begebnissen bestehen, hilft eine thematische Gliederung, ein vollständigeres Bild des Vergangenen zu zeichnen. Maria Gremel geht z.B. linear chronologisch vor, schiebt allerdings ab und zu einen thematisch einheitlichen Abschnitt ein, der sich eventuell auf mehrere Zeitspannen ihres Lebens bzw. über die ganze Autobiographie erstreckt. Das Kapitel *Die Zigeuner sind da!* ordnet sie chronologisch dem Zeitraum „Kindheit" zu, obwohl die darin beschriebenen Erfahrungen auch aus der Jugendzeit stammen könnten.

Da das Abrufen von Erinnerungen leichter fällt, wenn die Abrufsituation der Speichersituation ähnelt, kann es von Vorteil sein, Orte der Vergangenheit, z.B. das Elternhaus oder das Heimatdorf, aufzusuchen. Zudem fördert ein Dialog das Erinnerungsvermögen, denn es ermöglicht ungeübten Schreibenden, den Gedankenfluss ungebremst fließen zu lassen, da ein/eine GesprächspartnerIn durch Interaktion, z.B. durch gezieltes Nachfragen, den Erinnerungsverlauf fördern oder gar lenken kann. Dabei muss weder auf Formulierungen oder mögliche Orthographie- bzw. Grammatikfehler geachtet werden, noch wird der Akt des Schreibens gebremst, der umständlicher und langsamer vonstattengeht als das Reden. Barbara Passrugger wurde beim Verfassen ihrer Autobiographie auf diese Weise von Fachleuten unterstützt: Die AHS-Lehrerin Ilse Maderbacher sowie der Diplomand Georg Hellmich zeichneten zahlreiche Gespräche mit Passrugger in möglichst natürlichen Momenten, also in Alltagssituationen, auf, die dann neben eigenen Niederschriften als Grundlage für den eigentlichen Text dienten.[189]

Das autobiographische Gedächtnis und somit das Erinnerungsvermögen entwickeln sich erst, sobald das Gehirn die nötigen Begriffe, wie Zeit und Planung, verarbeiten kann. Somit erklärt sich die kindliche Amnesie, also das Unvermögen, sich an die früheste Kindheit vor dem dritten Lebensjahr

[189] Vgl. Maderbacher: Nachwort in „Hartes Brot", S. 170 f und Hellmich: Nachwort in „Steiler Hang", S. 111 f.

zu erinnern.[190] Wenn nun eine Autobiographie Ereignisse und Fakten beinhaltet, an die sich der/die AutorIn unmöglich erinnern kann, z.B. Herkunft der Eltern oder frühkindliche Geschehnisse, stammen diese Informationen von anderen Quellen. Der/die Schreibende orientiert sich dabei an Dokumenten oder an Erzählungen bzw. Schriften anderer, wobei es vorkommen kann, dass Zusammenhänge oft ungeklärt bleiben.

4.3.1.2 Die populäre Autobiographie als Teil des kollektiven Gedächtnisses

Eine Autobiographie kann in kultureller sowie historischer Hinsicht nicht isoliert betrachtet werden, da das Individuum Teil von verschiedenen Gruppen ist. Das Verhältnis zwischen ihnen ist von gegenseitiger Beeinflussung geprägt. Zahllose Einzelgedächtnisse schließen sich zu einem kollektiven Gedächtnis zusammen, demnach bilden die Erinnerungen und das Wissen jedes/jeder Einzelnen das Gesamtgedächtnis.[191] Roy Pascal glaubt, dass autobiographische Aufzeichnungen so Aufschluss über die Besonderheiten der jeweiligen Epoche geben.[192] Autobiographien geben also über das individuelle Dasein hinaus einen historischen, sozialen sowie kulturellen Einblick in die jeweilige Zeit. Die persönlichen Erlebnisse sowie Erfahrungen sind in einen zeitlichen Kontext eingebettet, sodass die Gesellschaft mit ihrer Vergangenheit und Gegenwart massiv auf die einzelnen Mitglieder einwirkt. Die Menge an Einzelpersonen mit ihrem jeweiligen Schicksal setzt sich zu einem Kollektiv zusammen und bildet gemeinsam die Merkmale einer Epoche ab.

Die hier thematisierten autobiographischen Zeugnisse sind Exempel von individuellen Gedächtnissen, die Gemeinsamkeiten aber auch Unterschiede erkennen lassen. Alle drei Autorinnen sind Frauen aus dem bäuerlichen Milieu. Während Anna Wimschneider und Barbara Passrugger einen eigenen Hof besaßen, arbeitete Maria Gremel zunächst im landwirtschaftlichen Bereich und ging nach ihrem Umzug nach Groß-Enzersdorf verschiedenen Gelegenheitstätigkeiten nach. Da sie alle am Anfang des 20. Jahrhunderts geboren wurden, erlebten sie dieselben historischen Ereignisse, wie den Zweiten Weltkrieg oder die technischen Innovationen dieser Zeit. Zudem stammen alle drei aus dem süddeutschen Sprachraum: Wimschneider

190 Vgl. Kapitel 2.1.4 Das autobiographische Gedächtnis.

191 Vgl. Kapitel 2.2.1 Das kollektive Gedächtnis nach Maurice Halbwachs.

192 Vgl. Pascal, S. 20.

aus Niederbayern, Passrugger aus Salzburg und Gremel aus Niederösterreich. Aus diesem Grund ähnelt sich nicht nur ihr historischer, geographischer sowie kultureller Hintergrund, sondern auch ihre Muttersprache, der mittel- bzw. donaubairische Dialekt. Sie verbindet neben demselben Geschlecht auch die Angehörigkeit derselben gesellschaftlichen Schicht sowie der Arbeitsalltag. Selbstverständlich unterscheiden sich trotz dieser Gemeinsamkeiten ihre Erfahrungen und Erlebnisse im Einzelnen, die jedoch zusammengefasst ein gemeinsames Gedächtnis ergeben.

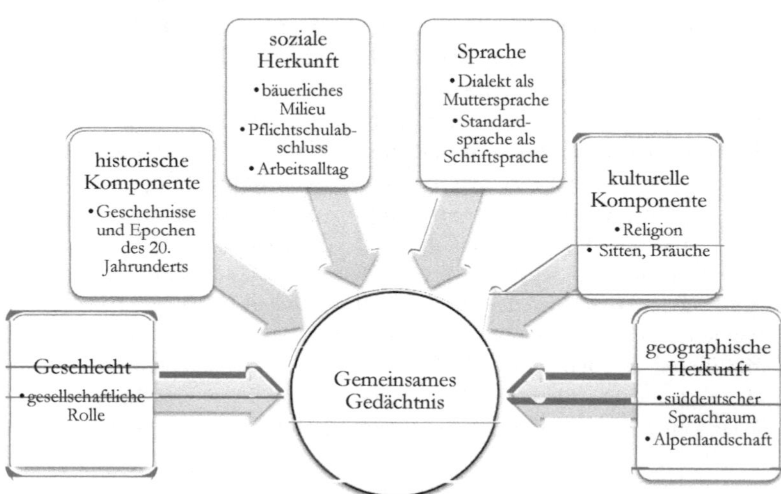

Abbildung 3: Zusammenschluss von Einzelerfahrungen zu einem gemeinsamen Gedächtnis

Populäre Autobiographien sind Ausdrucksformen des kommunikativen Gedächtnisses, das die nahe, erlebte Vergangenheit speichert und sich aus der Kommunikation sowie Interaktion der Mitglieder konstruiert. Seine Ausdrucksmittel und Medien sind mündliche Erzählungen, Schriften sowie Tonbandaufnahmen und es reicht ungefähr achtzig Jahre zurück, so weit, wie sich die Ältesten erinnern können. Es ist ein wandelbares Gedächtnis, das sich mit der Zeit und seinen Mitgliedern verändert. Der Übergang zwischen den verschiedenen Abschnitten ist meist von der Verschriftlichung des Wissens der Ältesten gekennzeichnet.[193]

Die hier behandelten populären Autobiographien zählen auch zum kommunikativen Gedächtnis. Frauen der älteren Generation geben ihre Lebenserfahrung an die Jüngeren weiter. Die Verschriftlichung der Sachverhalte sowie die Publikation in Buchform ermöglichen im Gegensatz zum Mündlichen, ein größeres Publikum zu erreichen: Nicht nur räumlich können damit Begrenzungen überbrückt werden, sondern auch zeitliche Schranken werden überwunden. Vor allem bei tiefgreifenden Veränderungen, z.B. des sozialen Gefüges, der politischen Entwicklung oder den wirtschaftlichen Verhältnissen, wird Wissen innerhalb des kommunikativen Gedächtnisses gespeichert und tradiert. Auch im Leben der drei Autorinnen fanden Umwälzungen statt, als sie begannen, ihre Lebenserinnerungen aufzuzeichnen, z.B. technische Neuerungen, eine Reorganisation des Arbeitsalltags und eine Veränderung in den gesellschaftlichen Strukturen. Die Arbeitsvorgänge auf dem Feld und dem Hof passten sich dem technischen Fortschritt an und erleichterten die Mühen der ArbeiterInnen. Die Innovationen des Sozialsystems, wie z.B. die Einführung der Kranken- und Rentenversicherung, wirkten sich nicht nur auf die Gesellschaft aus, sondern auch auf die Familienstruktur. Durch die wachsende Mobilität kamen viele Touristen in die alpine Gegend und zahlreiche Bauern nutzten den Fremdenverkehr als weitere Einkommensquelle. Die Autorinnen berichten mit Mitteln des kommunikativen Gedächtnisses von den eigenen Erfahrungen sowie der persönlichen Sichtweise auf all diese Umwälzungen und sind so Teil des kollektiven Gedächtnisses.

4.3.1.3 Realität versus Fiktion

Der autobiographische Pakt garantiert den LeserInnen, dass der/die VerfasserIn und die Ich-Figur des Lebensberichts dieselbe Person sind und wahre Fakten erzählt werden.[194] Das menschliche Gehirn kann zwar Tatsachen der eigenen Autobiographie speichern und bewahren, aber es fließt stets eine subjektive Einfärbung mit ein. Bloße Daten, wie das Geburtsdatum oder der Name der Volksschule, die man besucht hat, können exakt wiedergegeben werden, nicht aber Erlebtes oder Erfahrenes, denn es wird

---

193 Vgl. Kapitel 2.2.2 Das kommunikative und kulturelle Gedächtnis nach Jan Assmann.

194 Vgl. Kapitel 3.4.1 Die Autobiographie.

subjektiv erfasst und mit jedem Abruf leicht verändert gespeichert.[195] Doch diese persönliche Sichtweise auf die eigene Vergangenheit stört das Publikum nicht, da es keine Aneinanderreihung einzelner Erlebnisse ohne Zusammenhang lesen will, sondern eine in sich geschlossene Geschichte, z.B. die Entwicklung einer Persönlichkeit, einen beruflichen bzw. sozialen Werdegang oder das Erleben bedeutender historischer Ereignisse. Der/die LeserIn verlangt nicht nach der definitiven Wahrheit, sondern möchte unterhalten und/oder informiert werden.

Wie erwähnt sollte bei einer Autobiographie bedacht werden, dass bei jedem Abruf von Erinnerungen die Inhalte der gegenwärtigen Situation angepasst und leicht verändert wieder abgespeichert werden (Re-Enkodierung). Dabei kann es zu Verzerrungen der Sachverhalte bis hin zur Einprägung falscher Erinnerungen kommen. Gleichzeitig wird nach einem kausalen Zusammenhang zwischen den einzelnen Erlebnissen und Erfahrungen gesucht, wobei Details eventuell zu dessen Gunsten unbewusst variiert werden. Lebensgeschichtliche Berichte sind demnach nicht frei von Subjektivität und veränderten Informationen. Da diese Prozesse unbewusst ablaufen, kann nicht von einer willentlichen Tatsachenfälschung gesprochen werden. Eine Autobiographie ist keine sachliche Wiedergabe von Erlebnissen und Erfahrungen, sondern eine individuell interpretierte und von der Gegenwart beeinflusste Erzählung. Besonders Emotionen wirken sich auf Erinnerungen aus: Diese bleiben zwar in ihrem Grundgerüst erhalten, doch Einzelheiten der erlebten Situation können entfallen. Je intensiver die Gefühle mit einem Begebnis verknüpft werden, desto eher wird es gespeichert und desto eher ist es jedoch in seinen Details einer Verzerrung ausgesetzt. Erinnerungen anderer oder Geschichten aus Filmen, Büchern o.ä. können aber auch mit selbst erlebten Geschehnissen verwechselt und zum persönlichen Repertoire an Erinnerungen hinzugefügt werden. Selbstverständlich können Episoden oder ihre Feinheiten auch völlig aus dem Gedächtnis abhandenkommen, da die Wahrnehmung sowie Speicherung einer Selektion unterzogen wird und das Eingeprägte im Laufe der Zeit auch getilgt werden kann.[196] Darum darf an Autobiographien kein unanfechtbarer Authentizitätsanspruch gestellt werden, da Erinnern neben physiologischen sowie psychologischen Vorgängen auch von kulturellen Mustern geprägt wird. Lebensgeschichtliche Aufzeichnungen orientieren sich an persönlich bedeutenden Geschehnissen sowie Erkenntnissen, die die Ent-

---

195 Vgl. Kapitel 2.1.3 Die drei Arbeitsprozesse des Gedächtnisses.

196 Vgl. ebda.

wicklung der Individualität, die soziale Laufbahn oder das Ich darstellt, das in die Historie eingebettet wird, wobei Details schon mal zum schmückenden Beiwerk und zugunsten der Kernaussage verändert werden können. Neben emotional gefärbten Begebenheiten werden immer wiederkehrende Erfahrungen (generische Erinnerungen) besser erinnert als einmalige Geschehnisse (episodische Erinnerungen), wie z.B. den Arbeitsablauf beim Waschen der Wäsche (vgl. AW, 13) oder Raufereien im Nachbardorf (vgl. AW, 38).[197] Das menschliche Gehirn versucht dabei inhaltliche Verbindungen zwischen den verschiedenen Erlebnissen herzustellen und diesen eine bestimmte Konnotation zuzuweisen. So verbindet auch Wimschneider zwei Ereignisse miteinander: An einem Morgen fiel das Portrait ihres Mannes Albert um, obwohl es niemand umgestoßen hatte. Später erfuhr sie, dass er am selben Tag zur selben Uhrzeit angeschossen wurde:

> Plötzlich fiel vor unseren Augen ein großes gerahmtes Bild meines Mannes, das auf der Kommode stand, nach vorne aufs Gesicht. Das war an sich ganz unmöglich, denn es war ein großes Bild mit einer breiten Rückenstütze, und niemand stand in seiner unmittelbaren Nähe. Nach dem späteren Bericht meines Mannes war es gerade in dem Augenblick umgefallen, um halb neun Uhr morgens, als er verwundet wurde. (AW, 102)

Wimschneider stellt eine Verbindung zwischen zwei Begebnissen her, die eigentlich unabhängig voneinander geschehen sind, doch das menschliche Hirn jagt regelrecht solchen Verknüpfungen nach, auch wenn es sie realistisch und physikalisch betrachtet nicht gibt. Dieses Verhalten hilft jedoch, unsere Umgebung sowie deren Eigenschaften und ihre Verkettungen zu verstehen und letztendlich neues Wissen und Fähigkeiten zu erwerben.[198]

Roy Pascal bezeichnet die Autobiographie als „Formung der Vergangenheit",[199] da sie das Leben nach einem bestimmten Muster rekonstruiert. Sie teilt es in verschiedene Abschnitte und indem sie die einzelnen Erlebnisse und Erfahrungen miteinander verknüpft, stellt sie eine Beziehung zwischen dem Ich und seiner Umwelt her. Diese wird von der gegenwärtigen Situation der Person beeinflusst, die dieser förderlich ist, das Vergangene als Einheit zu sehen und es zu interpretieren. Diese Relation zwischen dem/der AutobiographIn und dessen/deren Hintergrund ist für die Aus-

[197] Vgl. Wagner-Egelhaaf, S. 88 f.

[198] Vgl. Welzer, S. 39.

[199] Pascal, S. 21.

wahl der Geschehnisse und Episoden bedeutend, die der/die Schreibende aus seiner Vergangenheit aussondert und aufzeichnet.[200]

Der autobiographische Pakt versichert, dass die angegebenen Daten sowie die erzählten Episoden und Anekdoten autobiographisch belegt sind. Das menschliche Gehirn gibt dem Leben eine zeitliche sowie kausal zusammenhängende Struktur, die den Merkmalen des Erzählens ähnelt. Sich an das eigene Leben zu erinnern bedeutet also eine Geschichte zu erzählen. Da der/die VerfasserIn und der/die ProtagonistIn dieselbe Person sind, erhält diese Geschichte eine persönliche Note – sprachlich sowie inhaltlich. Episoden, die dem/der AutorIn unangenehm sind oder die ein schlechtes Licht auf ihn/sie werfen könnten, finden bestimmt nicht Eingang in die Autobiographie, denn letztendlich ist ein Lebensbericht eine Offenlegung intimer Erlebnisse und Gedankengänge, eine Erklärung der eigenen Person sowie eine Selbstinszenierung.[201] Der individuelle Blick auf das Vergangene und die Persönlichkeit prägen die lebensgeschichtlichen Aufzeichnungen – im Gegensatz zur Biographie, die sich durch einen externen Standpunkt auf das Leben eines Menschen auszeichnet. Da es allerdings nicht restlos möglich ist, die Authentizität des Erzählten nachzuprüfen, kann zwischen Realität und Fiktion in einer Autobiographie nicht wirklich unterschieden werden. Eine Autobiographie bleibt also ein subjektiv gefärbter Lebensbericht, der auf realen Tatsachen beruht.

4.3.1.4 Die Autobiographie als Selbstdarstellung

Wie bereits erwähnt, ist eine Autobiographie keine objektive Darlegung von Vergangenem, sondern eine subjektive Rekonstruktion, die von der Gegenwart sowie dem Selbstbild des/der VerfasserIn beeinflusst wird. Sie spiegelt also die Persönlichkeit wider und dient ebenso der Selbstdarstellung.[202] Die Eigenwahrnehmung des/der AutorIn beeinflusst massiv den Text: Nur jene Erlebnisse und Erfahrungen werden beschrieben, die mit der Vorstellung der eigenen Person kompatibel sind. Auch vom Erzählstil sowie der Sprache lassen sich Rückschlüsse auf den Charakter des/der Erzählers/in ziehen. Letztendlich stellt die Autobiographie mit all ihren Merkmalen eine Selbstpräsentation sowie -inszenierung dar, die bis zu einem gewissen Grad auf eine Wunschvorstellung zurückzuführen ist. Be-

200 Vgl. Pascal, S. 21 f.

201 Vgl. Wagner-Egelhaaf, S. 45 f.

202 Vgl. Kapitel 3.4.1 Die Autobiographie.

sonders hier mischen sich Realität und Fiktion zu einem Idealbild der eigenen Persönlichkeit.[203]

Wimschneider, Passrugger und Gremel verfolgen ein ähnliches Selbstbild. Anna Wimschneider präsentiert sich als fleißiges und gehorsames Mädchen, das nach dem Tod der Mutter deren Rolle im Haus und am Hof übernimmt:

> Oft kamen Leute zu uns, die mich gelobt haben, weil alles so aufgeräumt war, besser als in anderen Häusern, wo die Mutter noch da war. Der Vater lobte mich auch. Das reizte mich, noch fleißiger zu sein. (AW, 48 f)

Sie zeigte nicht offen, dass sie überlastet war und sich wegen ihrer Armut schämte, sondern weinte heimlich und beklagte sich auch als Erwachsene nie. Außerdem stellt sie sich als aufopferungsvoll dar – sei es nun in der Pflege ihrer kleineren Geschwister oder der älteren Verwandten ihres Mannes:

> Die alten Leute hatten es schon gut bei mir. Ich kann ehrlich sagen, wenn eine Bauerstochter eingeheiratet hätte, wären sie nicht so gut gepflegt worden. Ich hab mich gefreut, wenn ich den Kranken jeden Wunsch erfüllen konnte. (AW, 111)

Barbara Passrugger zeichnet von sich ein etwas anderes Bild: Auch sie sieht sich nicht als arbeitsscheu, jedoch wirkt sie selbstbewusster und autonomer. Schon als Kind soll sie trotzig (vgl. BP, HB, 10), gewandt und geschickt (vgl. BP, HB, 38) gewesen sein, doch von zierlicher Körperstatur, weswegen sie harter Arbeit nicht ohne weiteres beikommen konnte:

> Das Lernen hab ich leicht bewältigt, machte mir aber Sorgen, daß ich die oft schweren Arbeiten, von denen ich wußte, daß sie nach meinem Schulaustritt auf mich zukommen würden, nicht so anstandslos meistern würde können. Körperlich war ich nicht besonders stark, es fehlte mir an Kraft, da ich auch mit Männern arbeiten mußte. (BP, HB, 83)

Trotzdem schreckte sie vor ihren Pflichten nicht zurück, sondern fand es ungerecht, dass von ihr als junge Frau zwar derselbe Arbeitseinsatz verlangt wurde, ihr aber eine Tanzveranstaltung als Ausgleich nicht gegönnt wurde (vgl. BP, HB, 99). So erzählt sie von dem Geschwätz und den Unwahrheiten, die über sie im Dorf verbreitet wurden (vgl. BP, HB, 100). Sie

[203] Vgl. Wagner-Egelhaaf, S. 45 ff und 89 ff.

gesteht nicht nur körperliche Schwächen ein, sondern auch psychische Beschwerden, die sie nach dem Verlust ihres ungeborenen Kindes befielen:

> Darauf kamen dann ganz schwere Zeiten und Jahre. Ich war geschwächt von der vielen schweren Arbeit, von den Geburten und dem Abortus. Ich konnte alles nicht mehr verkraften und bin körperlich und seelisch zusammengebrochen. Von meinem Mann hatte ich sehr darunter zu leiden, daß ich kein Kind mehr bekommen konnte. Ich verfiel in Schwermut und Depressionen und ging mit Selbstmordgedanken herum. (BP, SH, 95)

Eine erhebliche Veränderung ihrer Persönlichkeit erfuhr sie nach einem Scheintoderlebnis, von dem sie zunächst niemandem erzählte, um nicht für verrückt erklärt zu werden. Sie fasste neue Kraft und ging gestärkt aus dieser Erfahrung hervor (vgl. BP, SH, 98 ff). Als weitere Befreiung ihrer Persönlichkeit erlebte sie die Trennung von ihrem Mann:

> Das war für mich eine Erlösung. [...] Nun hatte ich meine schon lang ersehnte Freiheit. Ich konnte tun und lassen, was mir behagte, und konnte Wanderungen und Bergtouren machen, Schi fahren und auch Besuche bei Bekannten oder Verwandten auch nach auswärts machen. Versäumte ich Arbeit, konnte ich sie, je nach meinem Heimkommen, in der Nacht erledigen.
>
> Vielleicht war ich nie geeignet zum Heiraten, schon durch meine Selbständigkeit, zu der ich erzogen wurde. (BP, SH, 103)

Maria Gremel beschreibt sich selbst als lebhaftes (vgl. MG, 23), mutiges (vgl. MG, 45) sowie lustiges (vgl. MG, 321) Kind, das oft und gern mit Buben spielte (vgl. MG, 91). Sie bezeichnet sich als fürsorglich (vgl. MG, 182) und sah das Verrichten der anfallenden Arbeit als Tugend:

> Die Arbeit habe ich nie in meinem Leben gescheut, tat auch damals alles, was in meiner Kraft stand. Die Müdigkeit vergeht doch bald. Ich hätte mich geschämt, einzugestehen: Ich kann nicht mehr, ich bin zu müde. (MG, 204)

In einer Autobiographie werden gerne positive Eigenschaften hervorgehoben und von Geschehnissen erzählt, die den/die Schreibende/n vorteilhaft erscheinen lassen. Dennoch lässt Gremel eine Episode aus ihrem Leben nicht unerwähnt, die zunächst kein gutes Licht auf sie wirft. Sie demütigte eine unverheiratete schwangere Frau, bereute es aber im nächsten Moment und entschuldigte sich bei ihr (vgl. MG, 216). Durch das Eingestehen dieses Fehlverhaltens vervollständigt sie ihr Selbstbild und verdichtet die Authentizität ihres Charakters.

Zusammenfassend lässt sich beobachten, dass alle drei ein ähnliches Selbstbild aufzeichnen. Sie beschreiben sich als fleißige, gewissenhafte und rechtschaffende Person, die trotz Fehlschlägen in Gott vertraut und die Hürden des Lebens überwindet.

Eine Autobiographie spiegelt also das Bild wider, das der/die VerfasserIn einerseits von sich nach außen tragen will und das andererseits er/sie von sich selbst hat. Sie bildet neben der subjektiven Darstellung der eigenen Person auch das Wunschbild von sich selbst ab. Zudem kristallisiert sich in der Auseinandersetzung mit der eigenen Vergangenheit und Person eine Quintessenz heraus. Wimschneider schließt z.B. ihre lebensgeschichtlichen Aufzeichnungen mit der Schlussfolgerung: *Wenn ich noch einmal zur Welt käme, eine Bäuerin würde ich nicht mehr werden.* (AW, 152) Sie wirkt zwar müde, abgespannt sowie schicksalsergeben am Ende ihrer Erzählung, doch hinterlässt sie keinesfalls den Eindruck, als hadere sie mit ihrer Vergangenheit. Passrugger dagegen klingt im Vergleich gegen Schluss ihres ersten Bandes etwas zuversichtlicher:

> Mein großes Gottvertrauen hat mich die vielen, vielen Sorgen und Schicksalsschläge, die dem hier Erzählten noch folgen sollten, ertragen lassen. (BP, HB, 167)

Sie blühte im Alter ja noch mal auf und konnte ihre persönliche Freiheit neu entdecken und ausleben.

4.3.2 Der Aufbau der Texte

Alle fünf Bücher sind – wie bei einer klassischen Autobiographie üblich – chronologisch aufgebaut, wobei die Aufmerksamkeit der LeserInnen auf die Entwicklung der Figur im Laufe der Jahre gelenkt wird.[204] Nicht nur der Werdegang der Persönlichkeit wird dargestellt, sondern auch der bäuerliche Alltag, technische und historische Veränderungen sowie der gesellschaftliche Wandel werden aufgezeigt. So erhält man neben dem Einblick in die autobiographischen Erfahrungen auch eine Vorstellung von den bäuerlichen Lebensumständen jener Zeit. Arbeitsabläufe, alte Traditionen sowie Bezeichnendes für das zeitliche, geographische und soziale Umfeld werden skizziert und beleuchten die Entwicklung der Protagonistinnen. Sie repräsentieren nicht ausschließlich einen bestimmten Lebensabschnitt,

[204] Vgl. Kapitel 3.4 Literarische Inszenierung von Gedächtnis und Erinnern.

sondern spiegeln die Verhältnisse einer bestimmten Bevölkerungsschicht wider. Anna Wimschneider z.B. schildert die verschiedenen Arbeitsschritte beim Waschen in einem Zuber oder beim Brotbacken (vgl. AW, 13 f). Maria Gremel erzählt zwischen einzelnen Episoden aus ihrer Kindheit von ganz allgemeinen Themen, wie dem Aussehen eines typischen Bauernhofes (vgl. MG, 170 ff) oder von der Bedeutung des Wassers als Verkehrsweg oder als Kraftquelle sowie seinen Wert und Gebrauch in der Landwirtschaft (vgl. MG, 117 ff). Das Publikum bekommt auf diese Weise nicht nur durch die Erzählung von autobiographisch Erlebtem Einblick in die Lebensumstände der Erzählerinnen, sondern gleichzeitig einen Überblick in den Alltag der Bauern und Bäuerinnen im letzten Jahrhundert.

Im Großen und Ganzen folgen die hier behandelten Texte einer chronologischen Abfolge, wobei Rückblenden oder Vorschauen bei inhaltlich zusammengehörenden Begebenheiten eingefügt werden. So erzählt Barbara Passrugger von den unterschiedlichen Charakterzügen und dem beruflichen Werdegang ihrer Kinder und greift damit in der zeitlichen Reihenfolge einige Jahre vor (vgl. BP, SH, 28 ff). Auch Traditionen oder Handlungen, die sich über Jahrzehnte hinweg nicht verändert haben, wie z.B. religiöse Bräuche oder Arbeitsvorgänge, werden in die zeitliche Abfolge der Lebensgeschichte eingeschoben, wobei sie jedoch nicht den Verlauf der Autobiographie unterbrechen, sondern den RezipientInnen zusätzliche Informationen zum bäuerlichen Alltag liefern.

Während „Herbstmilch" keine gekennzeichneten Kapitel zur äußerlichen Strukturierung hat, sondern lediglich Abschnitte, die mit einem Stern versehen sind, gliedern sich Gremels und Passruggers Texte in Kapitel, die in einem Inhaltsverzeichnis aufgezeigt werden. Die Kapitelüberschriften von Gremels erstem Band „Mit neun Jahren im Dienst" bestehen aus inhaltlich zusammenfassenden Formulierungen, wie z.B. *Meine Eltern und die Verwandten* oder *Das dritte Schuljahr*. Der zweite Teil „Vom Land zur Stadt" teilt sich in Abschnitte, die mit Sätzen aus dem Text betitelt werden und die zum inhaltlichen Schlagwort werden, so z.B. *Es war ein gnadenloser Bürgerkrieg* oder *Was wird uns diese Bewegung bringen?* Passruggers Texte sind auf dieselbe Weise strukturiert; allerdings sind die Überschriften präziser. Der grobe Aufbau umfasst einen bestimmten Zeitraum, wie *Kindheit*, *Schulzeit* oder *Jugendjahre*. Diese werden jeweils in weitere Abschnitte unterteilt, z.B. *Die Eltern*, *Mit der Ziehmutter in der Kirche* oder *Der Oberhof*. Jeder Überschrift ist eine Unterüberschrift beigefügt, die einen Überblick über die folgende Passage gibt.

KINDHEIT *Ich habe es nie spüren müssen,* *daß ich ein Ziehkind war* Die Eltern *Ich war erst neun Tage alt,* *als die Mutter gestorben ist*

Abbildung 4: Beispiel für die Über- und Unterüberschriften von Barbara Passruggers Text „Hartes Brot"

Während Anna Wimschneider ihre Autobiographie in nur einem Band veröffentlicht hat, haben Maria Gremel und Barbara Passrugger jeweils zwei Teile geschrieben – jedoch nicht in unmittelbarer Folge. Wimschneider fasst ihre Lebensgeschichte bis etwa zum sechzigsten Lebensjahr zusammen, wobei sie – neben ihrer Kindheit – die Zeit ihres Erwachsenenalters von der Hochzeit bis zur Gegenwart am ausführlichsten beschreibt.

Maria Gremel verfasste zunächst nur einen Band, der die Jahre 1900 bis 1930, also bis zu ihrem 30. Lebensjahr, behandelt. Sie beendet den ersten Teil mit dem Umzug von Aigen nach Groß-Enzersdorf. Der zweite Text, der acht Jahre nach dem ersten publiziert wurde, hat die nächsten zwei Jahrzehnte (1930 bis 1950) zum Gegenstand – auch diese werden im Titel des Buches angegeben. Gremel bricht damit ihre autobiographischen Erzählungen im Alter von knapp fünfzig Jahren ab. Da dieser letzte Text Anfang der 90er veröffentlicht wurde, bleiben vierzig Jahre, also die Zeitspanne von 1950 bis ca. 1990, unerwähnt. Gremel gibt am Ende des Buches die Aufgabe, die Geschichte weiterzuerzählen, an die nächsten Generationen weiter – sei es ihre eigene Vergangenheit oder die Chronik der Familie:

> Wie wir alle dann die nächsten vierzig Jahre und darüber hinaus verlebten, ist ein anderes Kapitel. Wenn meine Nachkommen Interesse daran finden, können ja die weiterschreiben. (MG, 395)

Die Kindheit ist der am genauesten beschriebene Zeitabschnitt, wenn man beide Texte zu einer Autobiographie zusammenfasst – nicht zuletzt weil sie hier zahlreiche allgemeine Informationen, wie Bräuche, Arbeitsprozesse oder sonstige Beschreibungen des historischen sowie sozialen Umfelds, einfügt.

Auch Barbara Passrugger beschreibt ihre Lebensgeschichte in zwei Bänden. Der erste schildert ihr Leben bis zu ihrer Hochzeit im Jahre 1946 im Alter von 36 Jahren und der zweite reicht bis zu ihrem 80. Lebensjahr; zwischen den zwei Veröffentlichungen liegen vier Jahre. Die Bücher behandeln das Erwachsenalter am ausführlichsten, aber auch die Erfahrungen der Kindheit nehmen einen großen Platz ein.

Betrachtet man die Autobiographien aller drei Autorinnen, lässt sich feststellen, dass das Erwachsenenalter (also die Ereignisse nach der Eheschließung, der Führung eines eigenen Haushalts oder der Geburt des ersten Kindes, kurz: der Beginn der Eigenverantwortlichkeit), aber auch die Kindheit (bis zum Eintritt in die Pubertät) am genauesten beschrieben werden. Jugend und Alter treten thematisch in den Hintergrund – wohl auch weil insgesamt diese Zeitspannen nur wenige Jahre betragen.

4.3.3 Außertextuelle Zusätze

Anna Wimschneiders Text steht für sich allein: Es gibt weder ein Vorwort zur Entstehungsgeschichte noch eine Erläuterung des Inhalts oder Fotographien.[205] Lediglich ein kurzes Glossar am Ende erklärt die wichtigsten dialektalen Ausdrücke.

Maria Gremels Jubiläumsausgabe „Mein Leben“, die beide Bände enthält, besteht neben dem eigentlichen Text aus einem Vorwort von Michael Mitterauer, einigen Schwarz-Weiß-Bildern aus ihrem Leben sowie einem Brief aus dem Jahre 1956, den sie, im Glauben eine schwere Operation nicht zu überstehen, geschrieben hat. Diese zusätzlichen Informationen unterstreichen den autobiographischen Pakt und heben die Autorin als Protagonistin gleichzeitig und unmissverständlich hervor. Im Vorwort berichtet Mitterauer, wie es zur Veröffentlichung von Gremels Lebensaufzeichnungen gekommen ist, von der Böhlau-Reihe „Damit es nicht verlorengeht…“, der „Dokumentation lebensgeschichtlicher Aufzeichnungen“ in Wien sowie Gremels Erfolg mit ihrer Autobiographie. Auf diese Weise erhält das Publikum über den autobiographischen Text hinaus Auskunft über Gremels Leben, aber auch über den Stellenwert solcher populären Schriftstücke für

[205] Nur die Luxusausgabe enthält Bilder.

die Wissenschaft. Mitterauer betont, wie bedeutend Geschichte von unten für die heutige Forschung ist und möchte ältere Menschen ermutigen, sich an wissenschaftlichen Projekten und Sammlungen zu beteiligen.

Auch Passruggers Bücher werden von zusätzlichen Informationen begleitet: Bilder aus ihrem Leben sind beiden Bänden beigefügt und „Hartes Brot" besitzt außerdem ein Glossar für dialektale Ausdrücke. Auch ein Nachwort des/der jeweiligen Bearbeiters/in runden den Text ab, indem er/sie Einblick in die Entstehung des Buches sowie in die Arbeitsweise der Beteiligten gibt. Ilse Maderbacher, die den ersten Band betreut hat, schildert überdies auch die damaligen bäuerlichen Lebensumstände. Georg Hellmich hat am zweiten Teil „Steiler Hang" mitgearbeitet und erzählt von seiner Vorgehensweise sowie seinem persönlichen Eindruck von der Autorin.

Außertextuelle Zusätze untermauern die Authentizität des Textes, wodurch der autobiographische Pakt verstärkt wird.

4.3.4 Die Sprache

Die Sprache und Erzählweise aller drei Autorinnen ähneln einander sehr. Sie benutzen einfache Satzstrukturen und ein umgangssprachliches, wenig differenziertes Vokabular. Rhetorische Figuren, wie eine Alliteration, Klimax oder Metapher, werden nicht bewusst eingesetzt. Es finden sich wenig direkte Reden und nur Passrugger setzt sie im ersten Teil ihrer Autobiographie in Dialekt. Insgesamt gleicht die verwendete Sprache der Umgangssprache mit dialektalen Einflüssen, Fachausdrücken aus dem Bereich der Landwirtschaft sowie Archaismen.

Als Beispiel für die Einfachheit in Lexik, Syntax und den ans Mündliche erinnernden Erzählstil führe ich Passruggers Beschreibung des zweiten Weihnachtsfests am eigenen Hof an:

> Soviel Schnee war, daß mein Mann keinen Baum holen konnte. Er hat gesagt, er sieht sich da nicht heraus, er kann bei dem Schnee nicht bis zur Alm gehen, einen Baum holen. Vom Nachbarn Ellbrunn kam die Tochter, die Kathi, öfter zu uns rüber, weil wir miteinander Brot gebacken haben. Wir hatten nämlich einen Backofen. Und die Kathi fragte mich, ob ich keinen Christbaum hätte. „Nein", sagte ich, „bei dem tiefen Schnee holt mir mein Mann keinen, weil er nicht Schi fahren kann, und jetzt haben wir halt keinen Baum." „Nein", sagte sie darauf, „das gibt

es nicht, da muß ich dir einen holen!" Und wirklich, sie nahm ihre Schi und brachte mir einen Christbaum. Es waren dann auch ganz liebe Weihnachten. (BP, SH, 88)

Die Sätze sind relativ kurz und schlicht in ihrer Struktur, die Lexik weist wenig Differenziertheit auf und der beschriebene Sachverhalt wiederholt sich im Dialog der beiden Frauen.

Die Autorinnen stammen alle aus dem süddeutschen Sprachraum, wo der Dialekt eine stärkere Relevanz und höheres Ansehen hat als im Norden. Außerdem gehören sie einer Generation sowie sozialen Schicht an, die dialektverbundener und seltener mit der Standardsprache in Kontakt gekommen ist.[206] Daher verwenden sie zahlreiche regionale lexikalische Besonderheiten, die aus dem mittelbairischen Dialekt stammen, aber im Einzelnen dennoch lokal unterschiedlich sein können:

Beispiel	Erklärung
Wenn du schnell fährst, reißt dir der Wind den <u>Kittel</u> in die Höhe, da sieht man sonst alles! (AW, 49)	Duden[207]: (österreichisch) Damenrock ÖW[208]: (trachtiger) Frauenrock
So findet jeder <u>Hafen</u> seinen Deckel. (AW, 80)	Duden: (südd., schweiz., österr.) großes (irdenes) Gefäß; Schüssel, Topf ÖW: (mundartlich, regional[209]) Topf
Der erste Winter war bald um, die Sonne schmolz den Schnee weg, auf den <u>aperen</u> Plätzen blühten bereits die Schneeglöckchen […]. (MG, 179)	Duden: (südd., österr., schweiz.) schneefrei ÖW: schneefrei

206 Metzler, S. 152.

207 Duden. Deutsches Universalwörterbuch. Mannheim, Leipzig, Wien, Zürich: Dudenverlag 2007.

208 Österreichisches Wörterbuch. Hrsg. im Auftrag des Bundesministeriums für Bildung, Wissenschaft und Kultur. Wien: ÖBV Pädagogischer Verlag GmbH 2006[40].

209 Regional bedeutet in diesem Zusammenhang, dass das Wort nicht in ganz Österreich zu finden ist, es aber auch keiner größeren Sprachlandschaft zugeordnet werden kann (vgl. ÖW, S. 12.).

Beispiel	Erklärung
Ob diese oder jene Regierung, Rot oder welche Farbe immer, man kann sehen, die Reichen können es sich jederzeit richten, der Arme ist der Tintinger. (MG, 363)	WBÖ[210]: Benachteiligter, Verlierer, Pechvogel, Betrogener, Sündenbock

Tabelle 1: Regionale sprachliche Besonderheiten

Die Texte enthalten nicht nur regionale Ausdrücke, sondern auch Fachbegriffe aus dem bäuerlichen Arbeitsbereich. Die Grenze zwischen Fachsprache und Standardsprache ist allerdings meist fließend, da es Termini gibt, die zum Wortschatz des täglichen Sprachgebrauchs gehören. Die Autorinnen verwenden auch Fachausdrücke, die allmählich in Vergessenheit geraten, da durch den technischen Fortschritt in der Landwirtschaft sich nicht nur die Gerätschaften sowie Arbeitsbedingungen ändern, sondern auch die dazugehörigen Begriffe dafür:

Beispiel	Erklärung
Ohne sich bitten zu lassen, kam der alte Vater aus seiner Austragstube, stellte sich zur Verfügung und ersetzte den Bauern. (MG, 225)	ÖW: (regional, veraltend) Wohnung für Austrägler (Mann, der nach der Hofübergabe im Austrag, im Altenteil, lebt)
Der stellte seine Kirm auf dem Tisch ab und musterte die ganze Stube. (AW, 26)	Rückenkorb (AW, 153)

Tabelle 2: Fachbegriffe aus der Landwirtschaft

Ein Text ist ein Medium, das sprachliche Besonderheiten sowie inhaltlich Beschriebenes speichert und überliefert. Im Laufe der Jahrhunderte bzw. Jahrzehnte verändert sich nicht nur die Gesellschaft aufgrund der politischen Landschaft, historischer Ereignisse und/oder wissenschaftlicher Erkenntnisse, sondern auch die Sprache. Neue Wörter entstehen und alte geraten in Vergessenheit. Das letzte Jahrhundert barg zahlreiche techni-

210 Wörterbuch der Bairischen Mundarten in Österreich (WBÖ). Hrsg. v. Institut für österreichische Dialekt- und Namenlexika. Wien: Verlag der österreichischen Akademie der Wissenschaften 2000.

sche, soziale, historische sowie wirtschaftliche Umbrüche, was zur Folge hatte, dass sich auch das alltägliche Leben stark veränderte. Die Geschichte von unten sowie die populäre Autobiographik ermöglichen es, Bräuche und Traditionen, Arbeitsabläufe, Merkmale der Gesellschaft und des Alltagslebens verschiedener Schichten sowie sprachliche Charakteristika zu erhalten. So verwenden die hier analysierten Autorinnen Wörter, die entweder fast vergessen, als veraltend oder veraltet gelten:

Beispiel	Erklärung
Auch dabei gab es viel Lustbarkeit. (MG, 153)	Duden: (gehoben, veraltend): Veranstaltung, bei der sich jemand vergnügt, sich angenehm die Zeit vertreibt.
Ich stand wohl auf [...] und richtete die Wäsche, daß alles sauber und zur Hand war, ehe mein Mann mit der Wehfrau kam. (MG, 282)	Duden: (veraltet) Hebamme

Tabelle 3: Archaismen

Diese sprachlichen Besonderheiten in den Texten sind jedoch auch ein bewusst eingesetztes Stilmittel, um die Authentizität der Texte zu betonen. Bereits die Autoren des bürgerlichen Realismus, allen voran Ludwig Anzengruber, verwendeten eine an die regionale Sprechweise des einfachen Volkes erinnernde Sprache, die jedoch eigens für die Literatur bzw. die Bühne kreiert wurde.[211] Genauso sollen die dialektalen und veralteten Ausdrücke der hier behandelten Autorinnen die Glaubwürdigkeit sowie die Natürlichkeit der autobiographischen Aufzeichnungen hervorheben.

4.4 Die thematischen Schwerpunkte

Eine Autobiographie basiert auf der Geschichte des eigenen Lebens, wobei bestimmte Themen beschrieben oder bewusst bzw. unbewusst verschwiegen werden. Mit der Aufzeichnung der eigenen Lebenserinnerungen kön-

211 Vgl. McInnes: Das deutsche Drama des 19. Jahrhunderts, S. 139.

nen Schwerpunkte auf gewisse Inhalte gesetzt werden, denn eine Autobiographie ist keine objektive Reproduktion der Vergangenheit, sondern eine Interpretation des Erlebten und Erfahrenen.[212] Da sie durch die Niederschrift und Veröffentlichung einem breiten Publikum zugänglich gemacht wird, stellt sich für die Schreibenden die Frage, welche Sachverhalte in die Erzählung Eingang finden sollen. Dabei muss bedacht werden, dass persönliche Informationen über die Familienverhältnisse, die Beziehung zum/zur PartnerIn und zu den Kindern sowie private Gedanken, Ansichten und Emotionen publiziert werden. Nicht nur die eigene Integrität, sondern auch die Privatsphäre derer, die im Text erwähnt werden, muss geachtet werden, so dass niemand kompromittiert wird. Gleichzeitig dürfen elementare Bestandteile nicht ausgeklammert werden, wie z.B. die Liebesbeziehung zum Ehemann oder der Arbeitsalltag, wenn sie zum Verständnis der Lektüre beitragen. Eine Autobiographie ist letztendlich eine Erzählung, die auch an inhaltliche Merkmale gebunden ist, wie eine fortlaufende Handlung oder ein Fazit. Also muss abgewogen werden, von welchen Themen und Details berichtet werden soll. Natürlich lässt sich von den RezipientInnen kaum nachvollziehen, welche Einzelheiten oder Episoden letztendlich nicht in die lebensgeschichtlichen Aufzeichnungen aufgenommen wurden. Darum stellt von Engelhardt zu Recht fest, dass sich eine Autobiographie nicht nur aus den Erlebnissen, die artikuliert werden, sondern sich auch aus dem Nicht-Geäußerten zusammensetzt.[213]

Lebensgeschichtliche Aufzeichnungen enthalten stets persönliche Erinnerungen, die gleichzeitig auch ein Teil des kollektiven Gedächtnisses sind und die die Besonderheiten einer bestimmten Zeitspanne widerspiegeln.[214] Eine Autobiographie besteht also aus einer Mischung aus individuellen Erfahrungen und der Darstellung der sozialen, religiösen, kulturellen sowie historischen Merkmale einer bestimmten Epoche. Das Besondere an den populären Autobiographien ist, dass sie von Angehörigen einer sozialen Gruppe verfasst wurden, die bisher in der Sozialhistorik kaum beachtet

---

212 Vgl. Kapitel 4.3.1.3 Realität versus Fiktion.

213 Vgl. von Engelhardt: Geschlechtsspezifische Muster des autobiographischen Erzählens, S. 383.

214 Vgl. Kapitel 4.3.1.2 Die populäre Autobiographie als Teil des kollektiven Gedächtnisses und Kapitel 2.2.1 Das kollektive Gedächtnis nach Maurice Halbwachs.

wurden. Die Geschichte von unten bietet der unteren sozialen Schicht ein Sprachrohr für ihre Wertetradition sowie ihren Lebenskreis.[215]

Die Literaturwissenschaft dagegen hat sich kaum mit populären Autobiographien auseinandergesetzt, noch viel weniger mit denen aus dem bäuerlichen Umfeld. Der Germanist Josef Donnenberg versucht den Begriff „Heimatliteratur" zu definieren und kommt zu der Erkenntnis, dass er schwer zu bestimmen ist, da er dehnbar und unklar ist. Er lässt sich weder auf eine bestimmte Gattung (z.B. einem Roman, ein Theaterstück oder Lyrik) oder auf einen bestimmten Stil (z.B. tragisch, komisch oder satirisch) noch auf ein gewisses Motiv beschränken. Heimatliteratur umfasst mehrere Gattungen, wie den Bauernroman, das Volksstück oder die Dorfgeschichte, und behandelt verschiedene Themen rund um den Begriff „Heimat", z.B. die Heimkehr. Heimat kann in erster Linie mit der geographischen Herkunft sowie dem Gefühl der Verbundenheit in Zusammenhang gebracht werden, doch Donnenberg betont v.a. den ideologischen Aspekt dieses Terminus und setzt Heimatliteratur mit der Arbeiter- sowie Frauenliteratur gleich.[216]

Die traditionelle Heimatliteratur erreichte ihren Höhepunkt zwischen der Jahrhundertwende und den 30ern des 20. Jahrhunderts. Der aufkommende Nationalsozialismus übernahm in der Blut-und-Boden-Dichtung das traditionelle Weltbild und Wertesystem der Volksliteratur. Darum und wegen der trivialen Stereotype in Form und Inhalt (z.B. beim Heftchenroman) verlor die Literaturwissenschaft größtenteils das Interesse an diesen Texten. Zu Beginn der 60er Jahre entdeckten dann viele österreichische SchriftstellerInnen die Heimatliteratur wieder und setzten sich auf neuartige Weise mit den Themen dieses Genres auseinander.[217]

Es ist zu beachten, dass sich die Heimatliteratur im Laufe der Zeit verändert hat, was sich v.a. in einem Nebeneinander von Heimat und Moderne äußert. So wurden die Gegensatzpaare „Land – Stadt" sowie „Natur – Technik" abgeschwächt, stehen jedoch nach wie vor in einem Konfliktverhältnis zueinander.[218]

Die hier analysierten populären Autobiographien der drei Frauen zählen im weiteren Sinn zur Heimatliteratur, da der Schauplatz dem bäuerlichen Mili-

---

215 Vgl. Fischer: Autobiographische Texte als historische Quelle, S. 85.

216 Vgl. Donnenberg: Heimatliteratur in Österreich nach 1945, S. 41 ff.

217 Vgl. Kunne: Heimat im Roman, S. 3 ff.

218 Vgl. Donnenberg: Heimatliteratur in Österreich nach 1945, S. 51.

eu zugeordnet werden kann. Allerdings entrückt sie der non-fiktionale Charakter in einen bisher kaum beachteten Bereich der Heimatliteratur. Lebenserinnerungen von VertreterInnen der bäuerlich-ländlichen Schicht stellten lange Zeit eine Ausnahme dar und erst in den letzten Jahrzehnten stieg die Nachfrage – besonders nach persönlichen Aufzeichnungen von Frauen. Bereits gegen Ende des 19. Jahrhunderts entdeckten die unteren sozialen Klassen das Genre der Autobiographie für sich und zahlreiche ArbeiterInnen sowie DienstbotInnen hielten ihre Lebensgeschichte fest.[219] Die hier behandelten Werke lassen sich als populäre Autobiographien klassifizieren, gehören jedoch auch zur Heimat- und Frauenliteratur. Spricht die Sozialhistorik in diesem Zusammenhang von der Geschichte von unten, so können diese Texte genauso als „Literatur von unten" bezeichnet werden. Sie definieren sich v.a. durch den sozialen Aspekt, also durch die Tatsache, dass sie aus der Feder von Frauen aus dem bäuerlich-ländlichen Umfeld stammen.

In den folgenden Kapiteln werden nun die Themen in den Lebensgeschichten der Frauen näher betrachtet:

- Das familiäre Umfeld und die soziale Herkunft:
  Dieses Kapitel zeigt auf, wie eine durchschnittliche Kindheit auf einem Bauernhof in den ersten Jahrzehnten des 20. Jahrhunderts verlief. Einige Beispiele aus den Texten verdeutlichen die Eltern-Kind-Beziehung, die üblichen Erziehungsmethoden sowie die mit der sozialen Stellung einhergehende Armut.
- Die Religion:
  Hier kann zwischen der Kirche als Institution und dem Gottesglauben unterschieden werden. Es soll geklärt werden, welche Bedeutung die Religion für die Gesellschaft sowie für das Leben der Frauen hatte.
- Liebe und Sexualität:
  Zentral hierbei sind die Beziehung der Autorinnen zu ihrem Mann sowie die prüde Sexualmoral und deren Auswirkungen auf das Individuum. Auch auf die Tabuthemen im Leben der Frauen, wie das Erleben der Körperlichkeit während der Pubertät, sexuelle Gewalt und Schwangerschaftsabbrüche, wird eingegangen.
- Die Gesellschaft und das Individuum:
  Dieses Kapitel befasst sich mit der sozialen Struktur eines Bauernhofs sowie mit den positiven und negativen Auswirkungen der ländlichen

[219] Vgl. Kapitel 3.4.1.2 Trivialliterarische Merkmale einer Autobiographie.

Gesellschaft auf das Individuum. Die soziale Stellung der Frau im traditionellen Gesellschaftsgefüge sowie die Veränderungen während des Zweiten Weltkriegs sollen beleuchtet werden. Anschließend wird die Realisierbarkeit der Selbstbestimmung und -entfaltung der Autorinnen näher betrachtet.

- Das Arbeitsumfeld:
  Dass das gesamte Leben der Autobiographinnen von der Arbeit auf dem Hof bestimmt wurde, wird an der Rolle der Kinder im bäuerlichen Arbeitsalltag deutlich, der Aufteilung der Tätigkeiten unter den Geschlechtern sowie an den möglichen gesundheitlichen Folgeschäden durch die harte Arbeit. Die Beschreibungen von Arbeitsumfeld, -bedingungen sowie -abläufen ermöglichen, altes Wissen trotz der bedeutenden Veränderungen im Bereich der Landwirtschaft zu bewahren.
- Der historische Kontext:
  Im letzten Kapitel wird erkennbar, dass jede Autobiographie von der Zeitgeschichte beeinflusst wird. Die Erinnerungen der Frauen an die beiden Weltkriege, der Hitlerdiktatur sowie anderen historischen Ereignissen werden analysiert sowie ihre persönliche Sicht auf die Geschichte.

4.4.1 Das familiäre Umfeld und die soziale Herkunft

Der Lebenslauf einer Person wird massiv von deren Abstammung beeinflusst, da diese die Grundlage für die Gesinnung sowie den Werdegang eines Menschen bildet. Daher beginnen viele autobiographische Aufzeichnungen mit der Schilderung der Eltern, Großeltern und vielleicht auch anderer Ahnen, um den LeserInnen einen Einblick in die Vorgeschichte sowie Vorbedingungen der eigenen Person zu ermöglichen.[220]

Es lässt sich beobachten, dass bei allen drei Autobiographien die Beschreibungen der Großeltern sowie Geschwister oder anderer Verwandten recht bescheiden ausfallen und sich im Wesentlichen auf Episoden beschränken, die in direkter Verbindung mit den lebensgeschichtlichen Erlebnissen der Frauen stehen.

Die Beziehung zwischen den einzelnen Personen auf einem Bauernhof wurde hauptsächlich über die jeweiligen Rollen innerhalb der Arbeitsge-

---

220 Vgl. Wagner-Egelhaaf, S. 15.

meinschaft geprägt. Auch die Art sowie der Grad der Verbindung zwischen den Generationen wurde von den gemeinsam verrichteten Tätigkeiten bestimmt, wobei sich jedoch kein derart enges emotionales Band, wie wir es heute kennen, entwickelte. Ein Grund für den zurückhaltenden Umgang mit dem Nachwuchs ist wohl die hohe Sterblichkeitsrate der Säuglinge und Kinder. Da die Eltern nicht wussten, ob oder wann eins der Kinder verschied, brachten sie ihnen nur ein gewisses Maß an Zuwendung und Beachtung entgegen. Sie vermieden eine gefühlsbetonte Verbindung, um den Schmerz im Falle eines Verlusts zu mindern. Allerdings kann die erhöhte Kindersterblichkeit auf die dürftige Fürsorge und Betreuung zurückgeführt werden.[221]

Die drei Autorinnen stammen aus ähnlichen Familienverhältnissen. Anna Wimschneider war acht Jahre alt, als ihre Mutter im Kindsbett starb und diese den Vater und neun Kinder hinterließ. Da der Vater nicht wieder heiratete, wuchs Wimschneider ohne Mutter auf. Barbara Passruggers Mutter verstarb neun Tage nach Passruggers Geburt und weil die Großmutter sich nun mit den Arbeiten im Haus und am Hof sowie mit der Betreuung der sieben Kinder reichlich zu tun hatte, kam Passrugger in die Obhut einer Pflegefamilie. Die Beziehung zu ihrer Ziehmutter beschreibt Passrugger als verständnis- und liebevoll (vgl. BP, HB, 95). Anfang des Jahres 1931 erlag diese dem Brustkrebs, als Passrugger 21 Jahre alt war. Maria Gremels Mutter war ebenso schwer krank; von der Geburt ihres dritten Kindes, das nur drei Wochen alt wurde, erholte sie sich nicht mehr und blieb arbeitsunfähig sowie pflegebedürftig. Die genauen Umstände erfuhr Gremel nie, auch nicht als sie danach fragte (vgl. MG, 69 ff). 1917 verschied dann ihre Mutter und die damals Sechzehnjährige trauerte sehr um sie (vgl. MG, 234). Zusammenfassend lässt sich feststellen, dass alle drei Autorinnen ihre Mutter früh verloren haben und sich bei ihrer Beschreibung zurückhalten.

Auch bei der Darstellung der Vaterfigur lassen sich Parallelen zwischen den einzelnen Autobiographien erkennen. Der Vater wird meist als streng, aber gerecht sowie herzensgut beschrieben. Das Familienoberhaupt bzw. der Bauer hatte nicht nur die Funktion des Erziehers inne, sondern galt gleichzeitig als Leiter der am Hof lebenden Arbeitsgemeinschaft. Dies be-

221 Vgl. Gruber: Kindheit und Jugend in vorindustriellen ländlichen Hausgemeinschaften, S. 235 f.

günstigte eine autoritäre Erziehung sowie die Aufrechterhaltung des traditionellen Wertesystems.[222]

Maria Gremel nahm ihren Vater während der Kindheit u.a. als Strafenden wahr und lernte seine positiven Eigenschaften erst später bei der gemeinsamen Arbeit kennen. Stolz beschreibt sie ihn als ehrbaren und beliebten Mann (vgl. MG, 46). Auch Anna Wimschneider schätzte ihren Vater hoch, besonders nachdem er sich für sie eingesetzt hat, als der örtliche Pfarrer sie geschlagen hatte (vgl. AW, 43 f). Auf der anderen Seite bemängelt sie, dass er sie nach der Erstkommunion nicht mal zu einer Brezel – geschweige denn einem Festessen – eingeladen hat (vgl. AW, 27 f).

Die Charakterisierungen der Eltern wirken insgesamt hohl und phrasenhaft, was typisch für die Trivialliteratur ist.[223] Sie bieten letztendlich keine konkrete Vorstellung weder von der Person selbst noch von der Eltern-Tochter-Beziehung. Ilse Maderbacher weist im Nachwort von Passruggers erstem Band auf die Problematik bei der Darstellung der Vaterfigur hin, den die Autorin nicht nur bewundert, sondern auch gefürchtet haben soll. Bei der Textproduktion wählte diese also bewusst aus, welche Erinnerungen publiziert werden sollten, damit nicht der Ruf des Vaters geschädigt und dass gleichzeitig doch ein realistisches Bild seiner Person gezeichnet wurde.[224] Hier zeigt sich, dass lebensgeschichtliche Aufzeichnungen durch den Anspruch auf Authentizität eine prekäre Angelegenheit sein können, da weder Persönlichkeitsrechte noch der Leumund verletzt werden dürfen, sollen und/oder auch wollen. Bei fiktiven Texten entfällt diese Schwierigkeit, da sie ja in der Regel von keinen real existierenden Menschen handeln.

Nicht nur das familiäre Umfeld prägt einen Menschen, sondern auch die Kindheit hat einen großen Stellenwert im Gesamtkonzept einer Autobiographie. Roy Pascal lokalisiert in der Adoleszenz die Anfänge der Persönlichkeitsentwicklung sowie die Basis und Voraussetzungen für den weiteren Verlauf der Lebensgeschichte. In dieser Lebensspanne wird das Kind von seiner Umgebung entscheidend geprägt und von den äußeren Bedingungen innerlich geformt.[225]

---

222 Vgl. Gruber: Kindheit und Jugend in vorindustriellen ländlichen Hausgemeinschaften, S. 237.

223 Vgl. Kapitel 3.4.1.2 Trivialliterarische Merkmale einer Autobiographie.

224 Vgl. Maderbacher: Nachwort in „Hartes Brot“, S. 171.

225 Vgl. Pascal, S. 104.

Da ein Bauernhof in erster Linie eine Lebens- sowie Arbeitsgemeinschaft war, wurde, wie bereits erwähnt, die Beziehung zwischen den Eltern und ihren Kindern maßgeblich von den täglichen Tätigkeiten bestimmt. Kinder hatten in einem landwirtschaftlichen Betrieb in der Regel zwei Funktionen: Einerseits stellten sie die Altersvorsorge für die Eltern dar und andererseits dienten sie als kostengünstige ArbeiterInnen am Hof. Bereits in jungen Jahren wurden sie in den Arbeitsalltag integriert, wobei eine individuelle Entwicklung frei von Verpflichtungen und körperlicher Belastung sowie eine persönliche Freizeitgestaltung kaum gegeben war. Im 13. bis 14. Lebensjahr erbrachten sie bereits vollwertige Leistungen. Wurden sie am eigenen Hof jedoch nicht benötigt, traten sie eine Dienstbotenstelle auf einem anderen Gut an. Der Wechsel in einen fremden Haushalt bedeutete für viele Heranwachsende eine große psychische Belastung.[226]

Als Tochter von Söldnerleuten wurde Maria Gremel bereits mit neuneinhalb Jahren in den Dienst geschickt. Ihr Bruder, der knapp zwei Jahre älter war als sie, blieb bei den Eltern, da er einige Besorgungen im Haushalt statt der bettlägerigen Mutter verrichtete. Gremel befand man für alt genug, selbstständig zu werden und zu arbeiten, also kam sie zu einem jung verheirateten Bauernpaar, einer Freundin ihrer Mutter. Dort erledigte sie als Magd zunächst diverse Arbeiten im Haus und im Stall, wie das Geschirr waschen, kehren, Eier suchen oder Streu in den Stall tragen. Später kümmerte sie sich um die Kinder der Bauersleute. Gleichzeitig besuchte sie die Schule bis zu ihrem 14. Geburtstag und blieb dann als Magd am Hof der Gremels. Rückblickend offenbart sie, dass der Antritt in den Dienst gleichzeitig das Ende ihrer Kindheit bedeutete (vgl. MG, 155 ff).

Kinderreiche Familien aus sozial unteren Schichten hatten häufig Mühe, den Nachwuchs zu versorgen, daher gab man eines (oder auch mehrere) zu einer verwandten oder bekannten Familie – manchmal auch gegen Bezahlung. Oft stammten die Ziehkinder aus ärmlichen Verhältnissen oder waren Halb- bzw. Vollwaisen. Auch unverheiratete Mägde sahen sich nicht selten gezwungen, das Kind wegzugeben.[227]

Barbara Passruggers Mutter war im Kindbett gestorben, daher übernahm die Großmutter die Rolle der Bäuerin. Doch zusätzlich ein Neugeborenes zu versorgen, überforderte sie, also kam Passrugger zu einer Pflegemutter.

---

226 Vgl. Gruber: Kindheit und Jugend in vorindustriellen ländlichen Hausgemeinschaften, S. 220 ff.

227 Vgl. Maderbacher: Nachwort in „Hartes Brot“, S. 171 f.

Es wurde vereinbart, dass sie bis zum Tod ihrer Ziehmutter abdienen musste, dafür bezahlte der Vater keinen Unterhalt (vgl. BP, HB, 7 ff). Erst mit vier oder fünf Jahren erfuhr Passrugger, wer ihr Vater war. Obwohl er sie des Öfteren bei ihrer Pflegemutter besuchte, hatte sie geglaubt, der Sohn des Nachbarn sei ihr Vater, da er ihr Geschenke brachte und sie manchmal hochhob (vgl. BP, HB, 10).

Die Erziehung der Kinder aus dem bäuerlichen Milieu erfolgte größtenteils „naturwüchsig"[228] durch das Miteinbeziehen und Verrichten der Tätigkeiten am Hof. Entweder die Eltern oder das Gesinde führten bereits die Zwei- bzw. Dreijährigen spielerisch in den von Arbeit geprägten Alltag ein und übermittelten auf diese Weise die bäuerliche Ideologie sowie das traditionelle Wertesystem. Aufgrund der Sozialisation von Kindesbeinen an blieb kein Platz für das Eingehen auf individuelle Fähigkeiten oder Bedürfnisse. Von den Kindern wurde Gehorsamkeit sowie Gefügigkeit verlangt und man schreckte vor körperlicher Züchtigung als Erziehungsmaßnahme nicht zurück.[229] Laut Michael von Engelhardt gehört Gewalt – unabhängig ob als TäterIn oder Opfer – zu den Tabuthemen des lebensgeschichtlichen Erzählens.[230] Tatsächlich berichten die Autorinnen wenig von körperlichen Übergriffen. Anna Wimschneider erwähnt in wenigen Worten, dass ihr Vater und ihre Brüder sie geohrfeigt haben, wenn sie den Haushalt nicht nach ihren Vorstellungen erledigt hatte (vgl. AW, 11 und 14). Auch Maria Gremel erinnert sich ohne Umschweife an die Schläge ihres Vaters, nachdem sie die Schuhsohlen beim Rutschen auf einem zugefrorenen Bach beschädigt hatte (vgl. MG, 190). Zwar beeinträchtigt das Verschweigen solcher Ereignisse das Gesamtbild der Autobiographie, doch hängt davon auch die Identität des/der Erzählers/in ab. Die Entscheidung, ob eine Erfahrung artikuliert und eventuell publiziert wird, wird individuell getroffen.[231]

Ein weiteres bedeutendes Thema für alle drei Autorinnen ist die mit ihrer gesellschaftlichen Schicht einhergehende Armut. Besonders Maria Gremel reagiert sensibel und sehr emotional darauf:

---

228 Zitiert nach Goldberg, S. 62.

229 Vgl. ebda, S. 62.

230 Vgl. von Engelhardt: Geschlechtsspezifische Muster des autobiographischen Erzählens, S. 383 f.

231 Vgl. ebda, S. 384.

> Dieses Wort „arm“ mochte ich nie leiden, nicht weil man nicht alles kaufen und haben konnte, ich brauchte das nicht, was andere Schönes hatten, weder schöne Kleider, noch anderen Krimskrams. Aber arm wollte ich nicht sein. Noch heute fließen die Tränen, wo ich dies schreibe, und ich mußte schon einmal den Tintenkuli weglegen, um zur Ruhe zu kommen, ehe ich wieder weiterschreiben kann. (MG, S. 85)

Sie erklärt, dass nicht nur der Bauern-, sondern auch der Arbeiterstand davon betroffen war und setzt Armut nicht unbedingt mit Hungerleiden gleich (vgl. MG, 89). Bauern waren in der Lage, sich selbst zu ernähren, wenn die Ernte nicht schlecht ausfiel; dennoch warf man den Kindern häufig vor, sie würden ständig Hunger haben und riesige Portionen vertilgen. Gremel belastete dieser Vorwurf bis ins hohe Alter und rechtfertigte den großen Appetit mit der Arbeit, die die Kinder verrichteten (vgl. MG, 190 ff und 223). Auch Anna Wimschneider weiß von solchen Vorhaltungen zu berichten. Der Vater tadelte einen seiner Söhne, er esse der Sau die Kartoffeln weg (vgl. AW, 12), und hielt den Kindern vor, sie würden ihm die Haare vom Kopf fressen (vgl. AW, 14).

Der Brauch des Heiligenstriezelgehens geht laut Gremel auf die Not der armen Leute zurück. Zu Allerheiligen formten und backten die Bäuerinnen aus dem Teig eines Brotlaibes acht bis zehn Gebäckstücke, so genannte Striezel. Insgesamt wurden an einem Hof 300 bis 500 Stück hergestellt. Hauptsächlich Kinder, aber auch ältere Menschen, die nicht mehr arbeitsfähig waren, gingen dann einen ganzen Tag von Hof zu Hof und baten mit einem Spruch um ein solches Striezel. Gremel und ihr Bruder brachten oft über 200 Brötchen nach Hause und wenn ihr Vater weitere 300 Stück kaufte, reichte das Gebäck für vier bis fünf Monate (vgl. MG, 110 ff).

Die Mittellosigkeit des damaligen Bauernlebens begleitete die drei Autorinnen fast ihr ganzes Leben lang und mittels harter Arbeit wurde der Lebensunterhalt bestritten. Der Tourismus als Nebenerwerb, die technischen Innovationen, die die Alltagsarbeiten erleichterten, sowie die Veränderungen im Bereich der Krankenversicherung und Pensionsvorsorge ermöglichten allmählich den Wohlstand, den wir heute kennen.

4.4.2 Die Religion

In diesem Kapitel soll zwischen Religiosität, also den Glauben an Gott, und der Kirche als Institution, unterschieden werden. Beides spielte eine große Rolle im Leben der Autorinnen, die alle drei dem römisch-katholischen Glauben angehörten. Michael Mitterauer weist darauf hin, dass die Religion – die Frömmigkeit sowie die katholische Kirche – den ländlichen Alltag stark prägte. Die täglichen Gebete sowie die Rituale an den Sonn- und Feiertagen bestimmten das Leben der Bevölkerung bereits von Kindesbeinen an.[232]

So enthalten die lebensgeschichtlichen Aufzeichnungen der Autorinnen auch Erinnerungen an religiöse Brauchtümer sowie Feste, wie Weihnachten (vgl. BP, HB, 45), der Erstkommunion (vgl. AW. 27 und BP, HB 49 f) oder Bittprozessionen (vgl. MG, 109), die vorwiegend in die Zeit ihrer Kindheit und Jugend einzuordnen sind. Am ausführlichsten von den drei Autorinnen beschreibt Maria Gremel die Bräuche an den christlichen Feiertagen und vergleicht sie mehrfach mit den Gepflogenheiten von heute. Zum Beispiel weist sie darauf hin, dass Ostern früher – im Gegensatz zu heute – bedeutender und ein größeres Fest war als Weihnachten. Sie erzählt detailliert von den sonntäglichen Kreuzwegprozessionen während der Fastenzeit, der „Palmkätzchenweihe" oder der Grabandacht (vgl. MG, 47 ff). Auf diese Weise bewahrt sie nicht nur alte oder gar vergessene Bräuche, sondern auch Gebete und Liedtexte, wie den Spruch der so genannten Ratschenbuben, die in der Karwoche mit Holzinstrumenten, den Ratschen, durch die Ortschaft gingen und an die Gebetszeiten erinnerten:

> „Wir ratschen, wir ratschen den englischen Gruß, den jeder katholische Christ beten muß. Fall't nieder, fall't nieder auf eure Knie, betet drei Vaterunser und drei Ave Marie." (MG, 56 f)

Auch Barbara Passrugger hält Gebete schriftlich fest, wie die Anrufung ihrer Namenspatronin, die ihr die Ziehmutter bereits vor Schuleintritt gelehrt hat:

> Heilige Barbara, du edle Braut,
>
> Mein Leib und Seel sei dir vertraut
>
> Wie im Leben als im Tod,
>
> Komm mir zu Hilf in jeder Not,

232 Vgl. Mitterauer: Religion in lebensgeschichtlichen Aufzeichnungen, S. 81.

Steh mir bei im letzten End

Mit dem hl. Sterbesakrament. (BP, HB, 13)

Besonders für die Sozialhistorik ist die Erhaltung alter Gebete sowie Sprüche interessant.

Wie sehr der bäuerliche Alltag von der Religion beeinflusst wurde, zeigt auch der Bauernkalender, der sich an den Heiligenkalender der katholischen Kirche orientiert. Nicht die Kalendertage wurden in den Bauernregeln oder auch im Alltagsgespräch genannt, sondern die Gedenktage der Heiligen:

> *Am Peterstag (29. Juni) zogen wir fort, nach Neusiedl an der Fischa, wir hatten es dort gut getroffen. (MG, 263)*
>
> *Ist die Rebe Georgi noch blind, wird sich freun Mann, Weib und Kind. (AW, 25)*
>
> *Die Erntezeit dauerte meist vom Annatag (26. Juli) bis Maria Geburt (8. Sept.). (MG, 230)*

Die Kirche und ihre Dogmen nahmen früher stärker Einfluss auf das zwischenmenschliche Miteinander sowie die moralische Gesinnung und Wertmaßstäbe als heute. Bei Missachten der Gebote und Regeln wurde mit der Strafe Gottes in Form von Krankheit und/oder Tod oder der Hölle gedroht.[233] Barbara Passrugger erinnert sich an die warnenden Worte sowie die Beschreibungen der Hölle:

> „Der Himmelvater sieht und weiß alles!“ – Oder: „Dies und das ist eine Sünde oder gar eine Todsünde, und du kommst in die Hölle“, so wie es mir immer die Pfarrer-Nanni prophezeit hatte.
>
> Die Hölle wurde mit furchtbaren Gestalten belebt geschildert. Dann die Erzählungen vom unheimlich schrecklichen Feuer mit dem gräßlichen Geschrei der Verdammten. Zugehört habe ich den Drohungen ganz gespannt, aber mir kamen jedesmal wieder die Gedanken, schon im kindlichen Alter, daß das alles nicht wahr sei. Nur sagen durfte man das beileibe nicht, sonst wär's schon wieder eine Sünde gewesen, oder es hätte gar Strafe gegeben. (BP, HB, 49 f)

An die Richtlinien der Kirche hielt sich auch Wimschneiders Mutter aus Angst vor den angedrohten Konsequenzen, als sie trotz Warnung des Arz-

[233] Vgl. Mitterauer: Religion in lebensgeschichtlichen Aufzeichnungen, S. 75 ff.

tes auf Verhütungsmittel verzichtet hatte und dann bei der Geburt ihres neunten Kindes starb (vgl. AW, 58 f). Sie trug auf der Totenbahre Schuhe, da sie als Wöchnerin auf Dornen in den Himmel gehen müsse, hieß es (vgl. AW, 7).

Als Buße für die kleinen und großen Sünden gab es die Beichte, doch auch junge Mütter mussten bei der so genannten Abbitte um Vergebung bitten. Beim ersten Kirchgang nach der Geburt ihres Kindes knieten sie vor dem Altar nieder und baten um Reinigung, denn sie galten vor Gott als befleckt. Ledige Mütter mussten noch vor der Entbindung beim Pfarrer vorsprechen, um ihn mit Geschenken milde zu stimmen, weiß Passrugger zu berichten (vgl. BP, HB, 103). Dieses Ritual gerät zunehmend in Vergessenheit, doch die autobiographischen Zeugnisse aus jener Zeit bewahren diese und ähnliche Gepflogenheiten.

Anna Wimschneider scheut sich in ihrer Autobiographie nicht, Kritik an dem Pfarrer zu üben, dem dörflichen Repräsentanten der Kirche, und schildert ihn als harten und brutalen Mann, der sie einmal in der Kirche vor den anderen Kindern geschlagen hat, weil sie statt des Gotteslobs ein anderes Gebetsbuch dabeihatte:

> Gewöhnlich gingen vier Kinder zugleich in die Schule, in einem Jahr waren es aber fünf. Doch wir hatten für den Gottesdienst nur vier Lob Gottes. Ich konnte sowieso nicht oft zum Schulgottesdienst gehen, also gab mir der Vater ein anderes Gebetsbuch mit. Einmal schaute der Pfarrer alle Kinder durch, ob sie auch ihr Gebet- und Gesangbuch dabeihatten. Er kam zu mir und erkannte sofort, daß ich ein anderes, ein kleineres Buch hatte. Ich mußte zu ihm kommen, er sah es an und sagte, ach, da schau her, von der allerseligsten Jungfrau Maria hat die ein Buch dabei, warf das Buch weit in den Kirchenraum und schlug mich mit seinen schweren Händen links und rechts so ins Gesicht, daß mir der Hut vom Kopf flog. (AW,43)

Dieser Gewaltakt blieb nicht der einzige Vorfall; während des Unterrichts schlug er häufig die SchülerInnen mit einem Holzscheit (vgl. AW, 44).

Gerade solche und ähnliche Erfahrungen bzw. Missstände in der katholischen Kirche brachten Barbara Passrugger dazu, sich Gedanken über ihren Glauben und die Kirche zu machen. So tadelte sie z.B. ein Pater, nachdem sie die Beerdigung ihrer ehemaligen Dienstgeberin Frau Hoppenrath besucht hatte, die der evangelischen Glaubensgemeinschaft angehörte:

> Das hat mich geschockt! Ich sagte: „Freili bin i gwesn! I hon doch die Frau Hoppenrath so gern ghobt!“ – „Dos schickt si net für an Christnmenschn!“ war seine Antwort. Das wollte mir nicht in den Kopf, daß das etwas Falsches sein sollte, auf das Begräbnis eines Menschen zu gehen, der so gut war wie sie, nur weil dieser andersgläubig war! (BP, HB, 153)

Ihre Frömmigkeit blieb ungebrochen, aber ihre Ansichten bezüglich der Kirche sowie deren Richtlinien veränderten sich im Laufe ihres Lebens:

> Aber auch später, als ich die Zeit gehabt hätte, ging ich nicht mehr in die Kirche, weil ich dazu eine andere Einstellung bekommen hatte. Ich gehe viel lieber allein in die Kirche, da kann ich andächtig sein und niemand stört mich dabei. Oder ich gehe in den Wald hinaus, da gehe ich viel lieber hin, und das gibt mir viel mehr, als das, was in der Kirche geschieht. An Gott glaube ich schon, weil es ein höheres Wesen für mich gibt. (BP, SH, 40 f)

Mitterauer merkt an, dass die Gläubigkeit bei der ländlichen Bevölkerung oft mit magisch-heidnischen Elementen einhergeht, wie Teufels- bzw. Geistererscheinungen oder magischen Ritualen.[234] Tatsächlich erzählt Anna Wimschneider von der nächtlichen Begegnung mit einem seltsamen Tier, das sie mit dem Todesfall eines Nachbarn in Verbindung bringt. Zusammen mit drei anderen Frauen besuchte sie den Sterbenden, um im Falle des eintretenden Todes helfen zu können. Da man vermutete, er überstehe die Nacht, kehrte Wimschneider nach Hause zurück:

> [...] und auf einmal stand ein ganz großes Tier vor mir, so groß, daß es mir fast an die Brust reichte. [...] Das Tier war etwa eineinhalb Meter lang und hatte einen Rücken, der gewiß 40 Zentimeter breit war. In der Mitte des Rückens war ein vier bis fünf Zentimeter breiter Streifen, da waren keine Haare.
>
> Mit einem lauten röchligen Wrau tat das Tier, als wenn es etwas mit dem Maul anpacken würde. [...] Da war nun wieder dieses Geräusch, als wenn im tiefen trockenen Laub etwas liefe, aber nun entfernte es sich, und das Tier vor mir war im Augenblick verschwunden. (AW, 144 f)

234 Vgl. Mitterauer: Religion in lebensgeschichtlichen Aufzeichnungen, S. 67 f.

Wimschneider lief erschrocken ins Haus, woraufhin die anderen Frauen kamen, um sie über den Tod des Nachbarn zu informieren (vgl. AW, 143 ff).

Auch der Aberglaube, dass man an christlichen Festtagen nicht arbeiten sollte, wird in Wimschneiders Text veranschaulicht. Ihr Vater hackte an einem Beichttag Holz und verletzte sich dabei schwer. Er führte seinen Unfall auf das kirchliche Verbot zurück und sah darin die Strafe Gottes. Daher beschloss er, in Zukunft an einem Beichttag nicht mehr zu arbeiten (vgl. AW, 60).

Viele populäre Lebensaufzeichnungen beginnen und enden mit religiösen Themen, was laut Mitterauer auf den Stellenwert der Religion im Leben der einzelnen AutobiographInnen zurückzuführen ist.[235] So schließt Barbara Passrugger den ersten Band ihrer Lebensgeschichte mit dem Hinweis auf ihre Gläubigkeit, die ihr stets viel Kraft gegeben hat:

> Wenn der Herrgott nicht gewollt hätte, wäre ich längst nicht mehr am Leben. Mein großes Gottvertrauen hat mich die vielen, vielen Sorgen und Schicksalsschläge, die dem hier Erzählen noch folgen sollten, ertragen lassen. (BP, HB, 167)

Sie begreift also Gottes Willen als leitendes Prinzip ihrer Vergangenheit und bezeichnet ihre Frömmigkeit als Kraftquelle für das Zukünftige. Mitterauer bezeichnet diese Tendenz, die Lebensgeschichte, besonders das Leid, einem höheren göttlichen Sinn zuzuordnen, als typisch für die populäre Autobiographik.[236]

Die Autobiographien der Frauen bewahren also religiöse Bräuche sowie Gebete und verdeutlichen den Stellenwert der Religiosität und der Kirche in der ländlichen Gesellschaft des 20. Jahrhunderts. Die Kirche als moralische Instanz übte großen Einfluss auf das Weltbild und Verhalten der Leute aus. Dennoch bezeugen lebensgeschichtliche Schriften auch die Missstände, die es damals in den Reihen der Kirchenvertreter gab, was Barbara Passrugger anregte, zwischen dem Gottesglauben und der katholischen Kirche zu unterscheiden.

---

[235] Vgl. Mitterauer: Religion in lebensgeschichtlichen Aufzeichnungen, S. 62.

[236] Vgl. ebda, S. 63.

4.4.3 Liebe und Sexualität

Michael von Engelhardt merkt in seiner Untersuchung über lebensgeschichtliches Erzählen an, dass Frauen im Vergleich zu Männern Liebe und Sexualität nicht nur häufiger, sondern auch unverhohlener thematisieren. Dabei sprechen sie z.B. den Beginn der Pubertät, die ersten sexuellen Erlebnisse, ungewollte Schwangerschaften oder auch Vergewaltigungen an. Zwar gehören diese intimen Erinnerungen als Teil ihres privaten Lebensbereiches zu den wichtigsten Themen, doch stellen sie gleichzeitig ein großes Tabu dar. Soziokulturelle Normen, die im Laufe der Jahrhunderte bzw. Jahrzehnte einem radikalen Wandel unterworfen sind, sowie der individuelle Standpunkt bestimmen den Rahmen des Erzählbaren. Bei der Schilderung von allzu persönlichen Erinnerungen findet sich der/die ErzählerIin zwischen dem Wunsch nach Authentizität sowie der Angst wieder, soziale Grenzen zu überschreiten und damit gesellschaftliches Ansehen zu verlieren. Als Grund für die unterschiedliche Herangehensweise der Geschlechter an solche diffizilen Inhalte gibt von Engelhardt die Ungleichheiten bei der Identitätsbildung an: Frauen empfinden Liebe und Sexualität stärker als Teil ihrer Persönlichkeit sowie ihrer Lebensgeschichte, als Männer dies tun.[237]

Anna Wimschneider misst dem Verhältnis zu ihrem Mann Albert große Bedeutung in ihrer Autobiographie zu. Das Leid, das sie als Kind nach dem Tod ihrer Mutter ertragen musste, also die Entbehrungen, die Verantwortung sowie die Aufgaben, mündet in dieser Liebesbeziehung. Die Heirat schließt die beschwerliche Kindheit und Jugend ab und stellte Wimschneider vor neue Aufgaben. Nur elf Tage nach der Hochzeit wurde Albert einberufen und Wimschneider verrichtete nun allein die ganze Arbeit am Hof und im Haushalt; gleichzeitig kümmerte sie sich um die bejahrten Verwandten ihres Mannes. Da ihre Schwiegermutter offen ihre Ablehnung gegen diese Verbindung zeigte, musste Wimschneider ihre Bosheiten und Erniedrigungen erdulden. Erst als Albert eine ihrer Niederträchtigkeiten selbst miterlebte, verwies er sie vom Gut. Daraufhin verlief ihr Liebesverhältnis harmonisch, auch wenn sie noch weitere Schwierigkeiten zu überwinden hatten, wie ihre finanzielle Lage oder Wimschneiders gesundheitliche Probleme. Sie stellt zwar die Liebe zwischen ihr und ihrem Mann in den Mittelpunkt ihrer Erzählung und beschreibt sie als Kraftquel-

237 Vgl. von Engelhardt: Geschlechtsspezifische Muster des autobiographischen Erzählens, S. 383 f.

le, doch bleibt sie in ihrer Beschreibung undetailliert und schemenhaft. Wie von Engelhardt anmerkt, ist die Liebe zwar relevant für die Identitätsbildung, also auch für die Schilderung von Lebenserinnerungen, doch wird sie gleichzeitig nicht vorbehaltslos behandelt, da sie ein äußerst intimes sowie prekäres Sujet ist.

Maria Gremels Ehe basierte laut ihrer Erzählung wie bei Wimschneider auf einer Liebesverbindung. Dass ihr erstes gemeinsames Kind außerehelich gezeugt und geboren wurde, wäre durchaus ein Grund für ein Vernunftverhältnis gewesen, doch Gremel deutet nichts Dergleichen an. Dennoch scheut sie sich nicht, auch einen kritischen Blick auf diese Beziehung zu werfen, wobei nicht außer Acht gelassen werden sollte, dass sie ihre Autobiographie siebzehn Jahre nach dem Tod ihres Mannes geschrieben hat. So schlägt sie einen sarkastischen Ton an, als Karl nach einem Zwischenfall in eine Art Zwangsurlaub geschickt wurde. Er war nämlich eines Nachts nicht zur Arbeit in der Molkerei erschienen, da er an einem eitrigen Fuß litt. Gremel gibt an, dass er sehr wohl in der Lage gewesen wäre, zu arbeiten, und weil ihn der Arzt nicht krankschrieb, sahen seine Arbeitgeber keinen Grund für sein Fernbleiben. Also schickte man ihn nach Hause, als er später wieder in die Molkerei kam. Nun sah sich Gremel gezwungen, selbst den Lebensunterhalt zu verdienen, da Karl sich die Zeit hauptsächlich mit Lesen vertrieb, anstatt eine andere Arbeit zu suchen:

> Ich wußte nicht, ob sich der liebe, gute Mann Gedanken machte, wie wir alle fünf leben sollten. Er sagte ja nie ein Wort. Schon gar nicht, daß er alles mit mir besprochen hätte, was die richtige Lösung gewesen wäre. Geld oder Vorräte waren nicht da, essen mußten wir alle, wenn wir leben wollten. Was also war zu tun? Er tat den ganzen Tag nichts als nur Lesen. Es sah nicht danach aus, daß er etwas herbeischaffen würde. So blieb mir nichts anderes übrig, als Arbeit zu suchen und die ganze Familie zu ernähren. Da dachte ich an meinen Vater, was er mir sagte, als wir heiraten wollten – vom berühmten Bauernstolz. (MG, 336)

Gremel tadelt hier seine Passivität und sieht den Grund für sein Verhalten in seiner sozialen Herkunft. Als Bauernsohn habe er nicht gelernt, ein selbstbestimmtes Leben zu führen und sich aktiv um das Einkommen zu kümmern. Auf einem Bauernhof wurde morgens einem jeden/einer jeden die Arbeit zugeteilt und das Essen kam regelmäßig auf den Tisch. Er hatte sich diesem Lebensstil angepasst und Gremel scheute sich nun nicht, trotz ihrer Zuneigung diese seine Wesensart zu kritisieren (vgl. MG, 337 f).

Barbara Passruggers Ehe unterscheidet sich von der der anderen beiden Autorinnen. Nachdem ihr Verlobter im Zweiten Weltkrieg gefallen war, ließ sie sich auf ein Verhältnis mit einem Bauern namens Rupert ein und kam in andere Umstände. Da sie nicht die einzige war, die er zu diesem Zeitpunkt schwängerte, beschloss sie, sich zu trennen und den Jungen allein großzuziehen, obwohl ledige Mütter damals von der Gesellschaft geringgeschätzt wurden. Als sie das Haidegg-Gut übernahm, das ihr Vater eigentlich für einen seiner Söhne erstanden hatte, der jedoch im Krieg getötet wurde, musste sie Unterstützung in Form einer männlichen Arbeitskraft suchen. Allein wäre sie nämlich nicht in der Lage gewesen, den verfallenen Hof wieder in Stand zu setzen sowie zu bewirtschaften und einen Knecht hätte sie sich nicht leisten können. Also entschied sie sich für eine Ehe mit Johann Passrugger, eine reine Zweckverbindung, obwohl sie kurz vor der Heirat vor dessen hartherzigem Wesen gewarnt wurde. Tatsächlich wurde sie in dieser Beziehung nicht glücklich, denn sie fühlte sich unterdrückt und fremdbestimmt. Nicht nur dass er ihren Wunsch nach Geselligkeit und ihre Kontaktfreude ablehnte (vgl. BP, HB, 166), er warf ihr auch jahrelang vor, dass sie nach einer Fehlgeburt durch Gewalteinwirkung nicht mehr schwanger werden konnte (vgl. BP, SH, 94 f).

Der Vorfall, den sie wohl am einschneidendsten und verletzendsten empfand, war, als sie siebzehn Tage nach einer Operation aufgrund eines Magendurchbruchs endlich wieder nach Hause kam und sie ihr Mann lediglich mit den Worten: *„Ah, bist a wieder da."* (BP, SH, 99) begrüßte. Wahrscheinlich war auch er mit dieser Verbindung unzufrieden, da letztendlich er die Trennung in die Wege leitete. Nach 37 Jahren Ehe zog er auf einen Hof in Oberösterreich, den er eigentlich für eine der gemeinsamen Töchter erworben hatte, die jedoch kein Interesse am landwirtschaftlichen Leben hatte. Passrugger schreibt, dass er *[g]anz freiwillig, ohne irgendeine Auseinandersetzung* (BP, SH, 103) ging; einer Scheidung stimmte er allerdings nie zu.[238] Diese Trennung gab Passrugger ihre persönliche Freiheit zurück und sie resümiert:

> Vielleicht war ich nie geeignet zum Heiraten, schon durch meine Selbständigkeit, zu der ich erzogen wurde. [...] Ich machte meine Sachen in der Arbeit ganz alleine. Wenn einer sagte, das mußt du so oder so machen, dann war es bei mir aus. Diese Selbständigkeit war angeboren – oder doch angelernt? [...]

238 Vgl. Passrugger: Mein neues Leben, S. 187.

> Mit meinem Mann war es daher auch schwierig, weil er mir meine Selbständigkeit nicht lassen wollte. Ich sagte ihm auch immer, daß er mir leid tut, weil er die Frau nicht hat, die er sich vorgestellt hatte. Die Trennung von meinem Mann ging so still vonstatten, daß sogar ich ganz überrascht war, wie er dann plötzlich weggegangen ist. (BP, SH, 103 f)

Passruggers Ehe basierte also nicht auf einer Liebschaft, sondern diente in erster Linie einem wirtschaftlichen Zweck.

Ilse Maderbacher weiß, dass für eine erfolgreiche Bewirtschaftung eines Bauernhofs beide Geschlechter unabdingbar waren. Die Aufgaben waren unter Männern und Frauen klar aufgeteilt und gehörten zu den jeweiligen sozialen Rollen. Da eine Lebensgemeinschaft von Mann und Frau – wie im Falle Passruggers und ihrem Mann – ohne das Sakrament der Ehe von der Gesellschaft und allen voran der Kirche nicht geduldet wurde, war eine Heirat unausweichlich. Nach dem Tod des/der Ehepartners/in wurde oft erneut geheiratet, um den fehlenden Part einer solchen Arbeitsgemeinschaft wieder zu besetzen, sodass der Lebensunterhalt wie gewohnt bestritten werden konnte.[239]

Die Partnerwahl unterlag der Einflussnahme der Eltern bzw. der Familie sowie der gesellschaftlichen Konventionen. Die Eheleute stammten häufig aus derselben Gemeinde bzw. Dorfgemeinschaft, da Ortsfremde nur selten akzeptiert wurden.[240] Maria Gremel und Anna Wimschneider mussten beide vor der Hochzeit die Zustimmung ihres Vaters holen und auch die Männer brauchten die Erlaubnis ihrer Verwandten.[241] Gremels Mann bekam das Einverständnis nur mit Mühe, denn seine Mutter hätte ihn lieber mit einer Bauerntochter verehelicht. Da Gremel eine Magd war, heiratete er also nach unten, d.h. unterhalb seiner sozialen Stellung (vgl. MG, 274).

Dass die Lebensberichte dieser drei Frauen wenig mit dem romantisch verklärten Bild der trivialen Heimatvorstellungen gemeinsam haben, beweisen u.a. die Schilderungen ihrer Hochzeitsfeiern. Passrugger war die einzige, die ein großes Fest veranstaltete, zu dem nicht nur Verwandte, sondern auch die Mehrzahl der DorfbewohnerInnen geladen war und Mu-

---

239 Vgl. Kapitel 4.4.5 Das Arbeitsumfeld.

240 Vgl. Maderbacher: Nachwort in „Hartes Brot", S. 177 ff.

241 Barbara Passrugger heiratete erst nach dem Tod ihrer Eltern, weswegen sie keinerlei Einwilligung benötigte.

sik spielte (vgl. BP, HB, 166). Gremels und Wimschneiders Festtag fiel dagegen äußerst knapp und bescheiden aus. Gremel und ihr Mann kehrten nach der Trauung mit den vier erwachsenen Gästen und den zwei Kindern in ein Gasthaus ein und fanden sich abends zur Arbeit wieder heim (vgl. MG, 276). Wimschneiders Eheschließung im Jahre 1939 wurde vom Nationalsozialismus überschattet. Der Standesbeamte mahnte die Brautleute zur Dankbarkeit für den Führer und nach der kirchlichen Trauung am darauffolgenden Tag kehrten sie an den Hof zurück und gingen ihrer alltäglichen Arbeit nach. Es gab weder ein Hochzeitsmahl, noch wurde zur Erinnerung ein Foto geschossen (vgl. AW, 72 ff).

So unterschiedlich also die Ehen der Autorinnen waren, ähneln sich doch ihre zurückhaltenden Beschreibungen. Persönlichen Gefühlen wird wenig Platz eingeräumt und Intimes eher bedeckt gehalten. Genauso verhält es sich mit den Erlebnissen und Erfahrungen mit sexuellem Inhalt. Die Frauen sprechen zwar z.B. die prüden Moralvorstellungen der damaligen Zeit, die mangelnde Aufklärung oder sexuelle Gewalt an, doch lassen sie allzu private Begebenheiten oder Details unerwähnt, was bei einer nicht-fiktiven Lebensgeschichte auch nachvollziehbar ist und toleriert werden sollte.

Es fällt auf, dass jede der drei Autobiographinnen unter den vorherrschenden verklemmten Sitten gelitten hat. Sexualität wurde von der Gesellschaft sowie der Kirche tabuisiert und negativ konnotiert.[242] Als Anna Wimschneider und ihr Mann Albert beschlossen zu heiraten, schenkte ihnen ein Geistlicher ein Buch zur sexuellen Aufklärung. Wimschneider erinnert sich, wie darin darauf hingewiesen wurde, dass Geschlechtsverkehr in der Ehe nur dem Zweck der Fortpflanzung diene: *Da drinnen stand klipp und klar, daß jeder eheliche Verkehr, wenn er nicht naturgemäß vollzogen wird, eine Todsünde ist.* (AW, 58) Außerdem erzählt sie, dass der Pfarrer bei der Beichte die Leute eingehend befragte, ob sie denn bestimmt nicht verhüteten, keinen Ehebruch begingen oder irgendwelche sexuelle Eigenarten vollzogen (vgl. AW, 58 ff).

Bereits den Kindern wurde die strenge Moral eingetrichtert, erinnern sich die Autorinnen. Maria Gremel berichtet, wie sie als junges Mädchen einmal einigen Buben beim Turnen zugeschaut hatte und prompt gescholten wurde, ob sie sich deswegen denn nicht schäme (vgl. MG, 191). Auch Barbara Passrugger handelte ohne verwerflichen Hintergedanken, als sie ihren

242 Vgl. Kapitel 4.4.2 Die Religion.

Ziehbruder umarmte, nachdem er ihr Spielsachen vom Heimaturlaub mitgebracht hatte. Die alte Pfarrhaushälterin hatte dies beobachtet und warf ihr später vor, etwas Unanständiges getan zu haben und drohte ihr mit der Hölle (vgl. BP, HB, 33).

Besonders bei Mädchen bzw. jungen Frauen war die Erziehung in dieser Hinsicht streng, da es eine große wirtschaftliche und finanzielle Last für die Familie bedeutete, wenn sie ohne Aussicht auf eine feste Bindung schwanger wurden. Dazu kam die gesellschaftliche Ausgrenzung aufgrund der Übertretung von religiösen Richtlinien. Dennoch war vor- und außerehelicher Geschlechtsverkehr nicht völlig unüblich, wie die Tradition des Fensterlns zeigt. Auch die drei Autorinnen geben zu, bereits vor der Eheschließung sexuellen Kontakt gehabt zu haben und zwei von ihnen erwarteten danach ein Kind. Wimschneider gibt Albert als einzigen Sexualpartner an und beschreibt ihr illegitimes Liebesspiel gefühlvoll als *großes Ereignis* (AW, 55). Es hätte den Verlauf ihrer Lebensgeschichte keinen Abbruch getan, hätte sie dieses Detail nicht erwähnt. Schließlich hatte es keinen entscheidenden Einfluss auf das künftige Geschehen; es kann also als vertrauliche Nebensächlichkeit bezeichnet werden, das zwar die Autobiographie vervollständigt, aber keine relevante Wendung des Ablaufs ihrer Lebensgeschichte bewirkt. Gleichzeitig zeigt sich in der Offenlegung dieses Sachverhalts eine Auflehnung gegen die damaligen strengen Sittenregeln.

Maria Gremel erinnert sich dagegen in weniger positiver Weise an ihr erstes Mal. Sie ist insgesamt verhaltener im Vergleich zu den anderen Autorinnen bezüglich der Themen rund um Sexualität, was nicht zuletzt auch bei der Beschreibung ihrer ersten sexuellen Erfahrung aufgrund der stereotypen Wortwahl auffällt:

> Als der Schnitt beendet war, die Arbeit dadurch leichter, vielleicht auch durch meine längere Abwesenheit, drang Karl immer mehr, daß er mich einmal haben kann. Gewiß beteuerte er mir, er wird mir nichts antun.
>
> Eines Sonntags im August nahm er mich dann und ich gab mich ihm hin. Ach, hätte doch meine Mutter noch gelebt, vielleicht wäre alles anders gekommen! Sonntag nachmittag war ich stets zuhaus. Ich hätte mich mit ihr aussprechen können. Sie, die mir immer gepredigt hatte: „Kind, bewahre deine Unschuld!“ Ich gab sie hin. (MG, 250 f)

Sie bereute eindeutig, dass sie sich zum Geschlechtsakt hatte überreden lassen – nicht zuletzt, weil diesem eine ungewollte sowie außereheliche

Schwangerschaft folgte. Sie verweigerte sich Karl von nun an bis zur Heirat ungefähr zwei Jahre später. Als ledige Mutter musste sie die Verunglimpfungen und Demütigungen v.a. ihrer Schwiegermutter ertragen. Sie schildert diese Zeit der gesellschaftlichen Ausgrenzung sehr ausführlich sowie emotional und tut immer wieder ihre Reuegefühle bezüglich dieser *Sünde* (MG, 252) kund (vgl. MG, 250 ff).

Ihre Aussagen über Sexualität lassen auf eine passive Rolle in der Geschlechtlichkeit schließen. Nicht nur das vorangegangene Zitat über ihr erstes Mal, sondern auch wenn sie von ihrer dritten Fehlgeburt erzählt, kann man erahnen, dass ihr sexuelles Leben wahrscheinlich hauptsächlich von ihrem Mann bestimmt wurde. Als dieser nämlich von ihrer dritten Frühgeburt erfuhr, *bat [er] mich mit gefalteten Händen um Verzeihung, er werde mich künftig schonen.* (MG, 331) Wäre ihre sexuelle Beziehung gleichberechtigt gewesen, hätte Karl kein Schuldeingeständnis geäußert und Reumütigkeit bekundet. Christine Goldberg bestätigt, dass die körperliche Liebe vornehmlich für die Bedürfnisse des Mannes ausgerichtet war. Sie sieht in der langen, harten Arbeit sowie in der Enge und Kälte der Wohnräume die Ursache für die mangelnde Einfühlsamkeit zwischen den Geschlechtern. Außerdem litten viele Frauen des ländlichen Umfelds an Unterleibs- und Geschlechtserkrankungen aufgrund der körperlichen Anforderungen und der Überbeanspruchung während sowie nach den zahlreichen Schwangerschaften.[243]

Barbara Passrugger ist die einzige der drei Frauen, die – vielleicht nicht ganz freiwillig – offenlegt, dass sie mehr als einen Sexualpartner hatte. Sie hatte nämlich ein Verhältnis mit einem Bauern, aus dem ihr erster Sohn hervorging. Von Geringschätzung oder Ausgrenzung aufgrund des unehelichen Kindes berichtet sie nicht – nicht zuletzt verdankt sie dies auch ihrer damaligen Chefin Frau Hoppenrath, die sie stets unterstützte (vgl. BP, HB, 153).

Allerdings litt Passrugger unter dem Gerede im Dorf, als sie noch ein junges Mädchen war. Im Alter von sechzehn besuchte sie ein Waldfest in Filzmoos, ohne ihren Vater um Erlaubnis gebeten zu haben. Er wäre nie damit einverstanden gewesen und warf ihr danach vor, eine Schande für die ganze Familie zu sein. Tatsächlich kursierten Gerüchte sowie Diffamierungen unter den DorfbewohnerInnen, da es damals nicht üblich war, in

243 Vgl. Goldberg, S. 60.

diesem Alter an Tanzveranstaltungen teilzunehmen (vgl. BP, HB, 98 ff). Sie, die gern zum Ausgleich für die harte Arbeit tanzte und sich vergnügte, wurde daher oft zum Gegenstand des Tratsches. Die Gerüchte und Beschuldigungen gipfelten jedoch in den Geschehnissen mit dem Dorfschmied. Dieser war unglücklich verheiratet und liebäugelte mit Passrugger, brachte ihr immer wieder Geschenke mit und hätte sich für sie sogar scheiden lassen. Sie jedoch wehrte ab und obwohl sie sich nicht unehrenhaft verhalten hatte, wurde sie auf Plakaten als *„Schmiedhur!“ und „Schokoladesau!“* (BP, HB, 118) beschimpft. Entrüstet betont sie in ihrer Autobiographie, dass obwohl sie sich immer korrekt verhalten hatte, sie dennoch beschuldigt wurde und den Spott der Leute zu ertragen hatte:

> Es war wohl nicht das erstemal, daß man über mich redete, es hatte mich jedesmal sehr gekränkt, aber so arg war es noch nie! Und auszubaden hatte eher ich es als er. Es gab ständig spöttische, verächtliche Bemerkungen, wenn wo mehrere Leute beisammen waren. Man tat, als habe man den Auswurf der Menschheit vor sich, wenn man mir begegnete. Die letzte Zeit in Filzmoos hab ich mich darum fast nur mehr mit Auswärtigen abgegeben. (BP, HB, 119)

Die Geschlechtlichkeit gehörte in der damaligen Zeit eindeutig zu den Themen, die tabuisiert wurden. Nicht nur der Geschlechtsverkehr im Speziellen, sondern auch die körperlichen Vorgänge sowie Veränderungen in der Pubertät. Welche Auswirkungen das Totschweigen der Körperlichkeit haben konnte, zeigen folgende Beispiele aus den Lebenserinnerungen der drei Frauen.

Da Anna Wimschneider früh ihre Mutter verloren hatte und das älteste Mädchen in der Familie war, fehlte ihr eine weibliche Bezugsperson, die sie in der Pubertät betreuen hätte können. So erfuhr und erlebte sie die Veränderungen ihres Körpers ohne jede Aufklärung oder Unterstützung:

> Eines Tages fiel mir auf, daß ich auf der Brust zwei Beulen bekam. Ich erschrak sehr, getraute mich aber nicht zu fragen, um nicht ausgelacht zu werden. Ich wußte nicht, wie das kam. Die Beulen wurden von Woche zu Woche größer. […] Ich war sehr beunruhigt. Ich drückte sie, sie waren ganz weich. Ich dachte, da ist Luft drinnen. So ging ich zur Nähschatulle, nahm eine dünne Nadel, stach hinein, damit die Luft herauskommt. Aber das tat weh. (AW, 48)

Genauso unerfahren war sie bei ihrer ersten Menstruation, die sie an die postpartalen Blutungen ihrer Mutter erinnerte. Da diese bei der Geburt ihres neunten Kindes gestorben war, fürchtete das junge Mädchen nun, dass ihn dasselbe Schicksal ereilen würde. Es nähte sich heimlich aus einer alten Decke eine Einlage und wurde erst später von einer Hebamme über die Bedeutung der Monatsblutungen in Kenntnis gesetzt (vgl. AW, 50).

Wie unangenehm es für eine Frau aus der ländlichen Bevölkerung während der Periode sein konnte, weiß Barbara Passrugger zu berichten. Ohne ausreichenden Schutz wurde diese äußerst intime Angelegenheit bald öffentlich und die betroffene Frau zum Gegenstand des allgemeinen Spotts:

> Beim Kornschneiden war's furchtbar schlimm, wenn man keine Hose hatte und die Regel bekam. Das Blut rann die Füße entlang. Hinter den Schnitterinnen waren die Männer mit den Garben und durch das Niederbücken…
>
> Hinten wurde immer ein bißl gespöttelt. Mir blieb das, Gott sei Dank!, erspart, aber von anderen weiß ich das ganz genau. Die waren dann recht betroffen. Davonlaufen konnten sie nicht, das ging einfach nicht. (BP, HB, 115)

Auch während der Messe konnte man in den für die Frauen vorgesehenen Bänken immer wieder Blutspuren entdecken. Beim Knien färbte sich dann auch der lange Rock rot, denn es galt allgemeinhin verpönt, eine Unterhose zu tragen (vgl. BP, HB, 104).

Weiters wird auch sexuelle Gewalt in den Lebenserzählungen von Wimschneider und Passrugger thematisiert. Beide entkamen versuchten sexuellen Übergriffen, die in die Kinder- bzw. Jugendzeit fallen. Wimschneider erinnert sich z.B. an einen Bettler, der öfter auf den Hof kam, als der Vater nicht da war, und der mehrmals versuchte, die Brüder fortzuschicken, um mit den Mädchen allein sein zu können (vgl. AW, 40). Auch als sie einmal bei einem Maurer putzen helfen musste, entging sie nur knapp einem Gewaltakt:

> Wie ich da den Schutt und Schmutz wegräumte, fing der Mann an, mich zu loben, und bald kam er auf mich zu, warf mich aufs Bett und versuchte mich zu küssen. Ich schimpfte ihn und wehrte mich, aber er wurde immer brutaler. Ich nahm meine ganze Kraft zusammen, stieß ihn mit den Füßen in den Bauch und ins Gesicht, er wollte sich auf mich legen, meine Kleider waren ver-

schoben, die Haare zerrauft, aber den Kampf habe ich gewonnen, und ich ging gleich heim. (AW, 42 f)

Ähnliches berichtet auch Passrugger, die sich als zwölfjähriges Mädchen bei einem Botengang verirrte und bei einem fremden Bauernhof nach dem Weg fragte. Die Bäuerin wies ihren Sohn an, ihr zu helfen. Dabei machte dieser Anstalten, sie zu vergewaltigen, doch Passrugger weinte und wehrte sich, sodass er von seinem Vorhaben abließ, sobald ein paar Kühe daherkamen (vgl. BP, HB, 73 ff).

Von den Schwangerschaften und Geburten ihrer Kinder berichten die Frauen zurückhaltend, sprechen aber dennoch die erlebten Fehlgeburten an, die aufgrund ihrer starken Emotionalität ebenso zu den Tabuthemen einer Autobiographie gehören. Außergewöhnlich ist Maria Gremels eingehende Schilderung von ihrem dritten Abort. Nach der Geburt ihres dritten Kindes Hermann ebbten die Blutungen nicht ab und der Arzt stellte einen Einriss fest, der eine weitere Schwangerschaft für die folgenden sieben bis acht Jahre unmöglich machte. Es folgten innerhalb der nächsten vier Jahre drei Fehlgeburten, von denen sie die letzte ausführlich beschreibt:

> Morgens einmal, es war ein Freitag, ging das Fruchtwasser ab. Ich fragte den Arzt- Er kannte mich ja und wußte, wie es kommt: „In ein paar Tagen wird die Frucht abgehen." Am Sonntag darauf, ich bereitete eben das Mittagessen, als das passierte. Es lebte noch und war ein Mäderl. In ein paar Minuten war es tot, und ich schob die Schüssel unter das Bett.
>
> Mein Mann war im Stall. Er mußte wieder einmal einen Kutscher vertreten, der im Krankenstand war. Nach dem Mittagessen las der Mann eine Zeitung, die Kinder liefen fort zum Spielen. Ich setzte mich zur Nähmaschine, zum Nähen gibt es genug bei fünf Personen. Auf den Füßen hätte ich mich nicht halten können. Den ganzen Nachmittag nähte ich, bis mein Mann sagte: „Du siehst aus wie eine Leiche, ich kann dich nicht mehr anschauen. Du legst dich nun ins Bett, ich gehe und hole den Arzt." Von dem Vorfall sagte ich ihm kein Wort. Mir wäre es egal gewesen, wäre ich dabei draufgegangen. Im Zorn denkt man nicht, daß die Kinder, die draußen herumspringen, dann zu Waisen würden. Der Arzt kam bald. Als er die Nachgeburt holte, wußte auch mein Mann, worum es ging. (MG, 331)

Einzig Anna Wimschneider erzählt von keinem Kind, das sie vorzeitig verloren hätte. Jeder/jede AutobiographIn entscheidet nämlich selbst, welche Erlebnisse und Erfahrungen dem Publikum vorgelegt und welche verschwiegen werden. Besonders persönliche Episoden gehören zu den Themen, die vielleicht keinen Eingang in eine publizierte Lebensgeschichte finden. So bleibt den LeserInnen nichts anderes übrig, als die ihnen präsentierte Geschichte als authentischen Lebensbericht zu akzeptieren. Denn wie bereits erwähnt ist jede Autobiographie eine Interpretation des Vergangenen, die mit dem Selbstbild des/der Autors/in konform geht. Die Themen rund um Liebe und Sexualität zählen laut von Engelhardt zwar maßgeblich zur Identität von Frauen, verlangen jedoch gleichzeitig aufgrund ihres privaten Charakters in ihrer Darstellung Offenheit und Überwindung von Seiten des/der Erzählers/in sowie Taktgefühl von Seiten des Publikums.

4.4.4 Die Gesellschaft und das Individuum

Ich habe bereits darauf hingewiesen, dass das gesellschaftliche Umfeld einer Person das individuelle Denken, Handeln und Erinnern beeinflusst.[244] Der Bauernhof bildet eine eigene Form der Gesellschaftsordnung, die streng hierarchisch gegliedert ist und an deren Spitze der Bauer steht. Der Historiker Norbert Ortmayr beschäftigte sich in einer Studie mit den ländlichen Sozialstrukturen, indem er Interviews mit ehemaligen LandarbeiterInnen einer kleinen oberösterreichischen Gemeinde führte und analysierte.[245] In mitteleuropäischen Familienwirtschaften lebten und arbeiteten nicht nur Verwandte am Hof, sondern auch Arbeitskräfte, die in keinem familiären Verhältnis zueinander standen, z.B. Knechte, Mägde oder so genannte Stübelleute. Vor allem die Viehhaltung erforderte zeitintensiven Arbeitsaufwand, also auch mehrere Beschäftigte, und zusätzlich zu den erforderlichen Tätigkeiten beim Getreideanbau kam es zu Perioden, die ein verstärktes Maß an Leistung erforderten, wie z.B. die Heuernte oder das Dreschen. Dafür wurden dann Arbeitskräfte von außerhalb angeheuert.[246] Anna Wimschneider und Barbara Passrugger wurden als Kinder der Bauersleute bereits in jungen Jahren in den Arbeitsalltag eingegliedert, da jede

---

[244] Vgl. Kapitel 2.2.1. Das kollektive Gedächtnis nach Maurice Halbwachs.

[245] Vgl. Ortmayr: Beim Bauern im Dienst, S. 96 ff.

[246] Vgl. ebda, S. 104 f.

helfende Hand benötigt wurde. Maria Gremel war die Tochter von Stübel- bzw. Söldnerleuten, die ein dem Gut angehörendes Häuschen bewohnten und als Gegenleistung für eine bestimmte Zeitspanne am Hof mithelfen mussten. Sie standen gesellschaftlich unter dem Bauernstand und waren maßgeblich vom Landwirt abhängig.[247] Davon erzählt auch Gremel in ihren Lebenserinnerungen:

> So ein Häuschen war fast bei jedem Bauernhaus dabei, manchmal ganz in der Nähe oder weiter ab vom zugehörigen Hof. Man nannte diese Unterkunft für arme Leute „Stübl", daher ging auch der Spruch im Bauernmund um, sobald zwei Söhne da waren: „Wenn es mal zwei sind, ist es ein Üb'l, der eine kriegt's Haus, der andere das Stübl". Das bedeutete auch zugleich ein Absinken in den dienenden Stand. Man nannte diese Leute Söldnerleute, woraus man leicht das Wort „Sold" heraushören kann. Es bestand nach einem ungeschriebenen Gesetz die Verpflichtung, daß eines der Eheleute von Ostern bis Allerheiligen beim Bauern für die Wohnung arbeiten mußte. Dazu konnten sie einen Metzen (ca. 40 kg) Kartoffel auf des Bauern Acker ansetzen, etwas Kraut und Futterrüben, sowie etwas Gerste anbauen, um eben die Tiere zu füttern. Arbeitete eines der beiden Söldnerleute außer der Zeit wie etwa im Winter beim Dreschen, so wurde die Arbeit auch bezahlt. Nun kam es halt auf die Bauersleute an, ob sie gut oder geizig waren. Bei guten Leuten bekamen sie auch Sonntags ihr Essen, bei geizigen aber nicht. Die Bauersleute meiner Eltern waren wohl mitleidlos. Meine Eltern haben zu uns Kindern ja nie von den Schikanen gesprochen, die sie durchzustehen hatten. (MG, 19 f)

Die Bauern und ihre Dienstleute standen also in einem wechselseitigen Abhängigkeitsverhältnis zueinander. Der Bauer war auf die Leistungen der Söldnerleute angewiesen und bot im Gegenzug eine Behausung, etwas Land zum Eigenanbau sowie Wohltätigkeiten in Form von Nahrungsmittel oder Gebrauchsutensilien.[248]

Maria Gremel wurde aufgrund der Mittellosigkeit ihrer Eltern bereits mit neun Jahren in den Dienst zu einem bekannten Bauern geschickt. Sie, aber auch die anderen beiden Autorinnen, erinnern sich an die Möglichkeit,

---

[247] Vgl. Ortmayr: Beim Bauern im Dienst, S. 104 ff.

[248] Vgl. ebda, S. 111 ff.

zeitweise gegen Bezahlung auf einem anderen Hof aushelfen zu können (vgl. MG, 249 f, AW 64 ff und BP, HB, 88 f).

Aufgrund der Innovationen im Bereich der Technik verringerten sich im Laufe des 20. Jahrhunderts der Aufwand und die Arbeitszeit im landwirtschaftlichen Bereich. Maria Gremel weiß, dass die Schnitterarbeit, für die man früher bis zu vier Wochen benötigte, mit den modernen Maschinen in nur zwei Tagen verrichtet werden kann (vgl. MG, 250). Die Veränderungen der Arbeitsbedingungen wirkten sich auch auf die gesellschaftlichen Strukturen aus. Die dienende Klasse, wie Knechte und Mägde, wurde aufgrund der Vereinfachung und Verkürzung der Arbeitsprozesse durch die Mechanisierung teil- bzw. zeitweise entbehrlich, weswegen sie nun häufig Mühe hatte, den Lebensunterhalt zu bestreiten. Die bisher gekannte gesellschaftliche Struktur des landwirtschaftlichen Betriebs änderte sich.[249] Während Anna Wimschneider und Barbara Passrugger als Bäuerinnen einen eigenen Hof bewirtschafteten, verließen Maria Gremel und ihr Mann mit dem gemeinsamen Sohn das Gut, an dem sie bisher gedient hatten und gingen von nun an verschiedenen Tätigkeiten nach.

Gegenseitige Unterstützung sowie Hilfeleistungen – nicht nur zwischen den BewohnerInnen eines Bauernhofes, sondern auch innerhalb der Dorfgemeinschaft – waren unabdingbar für das Leben und Überleben auf dem Land. Als Barbara Passrugger und ihr Mann Johann das vernachlässigte Haidegg-Gut sanierten, waren sie vielfach auf die Hilfe ihrer Mitmenschen angewiesen. Passrugger bat mehrmals um Unterstützung bei gewissen Tätigkeiten sowie um Viehfutter und Dachschindeln (vgl. BP, SH, 45 f):

> Außer den Hauptzimmerleuten haben uns auch Nachbarn und andere geholfen. Das war vor allem beim Dachstuhlabbinden oder beim Transport des Baumaterials von der Güterseilbahn mit den Pferden oder dem Ochsengespann eine große Hilfe. Wir waren glücklich über die Helfer vom Oberhof, vom Mooslehen, Schwaig, Bögrein und Rettenegg, die uns auch unentgeltlich Fuhrwerkschichten leisteten; auch vom Ahornegg, Weitenhaus, Hallmoos, Kainhof, Habersatt-Hans von Schwemberg und Steinegg-Hias aus Kleinarl machten uns Hilfsarbeiterschichten. (BP, SH, 51 f)

249 Vgl. Ortmayr: Beim Bauern im Dienst, S. 124 ff.

Obwohl es nicht leicht war, HelferInnen zu finden, erinnert sich Passrugger, dass niemand sie je abgewiesen hätte. Natürlich beruhten die Hilfeleistungen auf Gegenseitigkeit: Passrugger erzählt von einem Brand an zwei verschiedenen Höfen, bei denen entweder beide oder nur ihr Mann beim Wiederaufbau halfen (vgl. BP, SH, 52 ff).

Eine solche Gemeinschaft war eine eingeschworene und Ortsfremde, auch Zugereiste, hatten es meist schwer, akzeptiert und aufgenommen zu werden. Auf Eheschließungen mit Gemeindefremden wurde häufig mit Missbilligung, ja sogar mit Verachtung und Ausgrenzung reagiert.[250] Passrugger erfuhr von einer Nachbarin, dass die Leute nicht gern bei der Instandsetzung ihres Hofes helfen würden, weil diese tuschelten: *Sie ist aus Filzmoos außig'laufen, und geheiratet hat sie auch einen Auswärtigen.* (BP, SH, 52) Sie klagt, die Leute hätten ihr diesen Vorwurf öfter gemacht, aber dennoch habe sich immer jemand zum Helfen gefunden (vgl. BP, SH, 52 f). Vor allem ihr Mann, der aus einem anderen Ort stammte, wurde nie völlig in der Dorfgemeinschaft aufgenommen und nachdem er fortgezogen war, fasst sie zusammen:

> Er ist in einem gewissen Sinn gar nicht angenommen worden, weil er ein Auswärtiger war. Auch in dieser Hinsicht hatte er es nicht leicht. Das war früher sehr schwer, und er gehörte nie dazu. Er wußte das und fühlte sich auch so. (BP, SH, 104)

Auch Wimschneider kennt die Intoleranz Fremden gegenüber. Der Onkel ihres Mannes kaufte im Jahre 1912 ein Gut in einer anderen Gemeinde und galt dort folglich als Fremder in dem ehernen Dorfgefüge. Man begegnete ihm mit Geringschätzung und verweigerte ihm den Gebrauch der Dreschmaschine ohne Angabe von Gründen. Glücklicherweise konnte er den Hausbrunnen eines großen Bauern der Gegend reparieren, weswegen man ihm in Zukunft die Dreschgarnitur lieh (vgl. AW, 69). Wimschneider und ihr Mann übernahmen nach ihrer Heirat jenen Hof, doch weder ihr (Schwieger-)Onkel noch das Paar selbst wurden in die Kommune integriert:

> Doch ein Hiesiger konnte er nie werden, dazu fehlte ihm die weitverzweigte bäuerliche Verwandtschaft. Das hatten auch wir zu spüren, der ausgesprungene Pfarrer [Albert, d. Verf.] konnte nie ihresgleichen werden, und wohl kaum hätte damals eine

250 Vgl. Maderbacher: Nachwort in „Hartes Brot", S. 178 f.

Bauerstochter den Albert heiraten können, da hat die Liebe aufgehört. (AW, 69 f)

Zwar garantiert die Verbundenheit einer solchen Gesellschaftsstruktur die Unterstützung der restlichen Mitglieder, doch erschwert ihre starre Form die Aufnahme Außenstehender. Außerdem fallen Verstöße gegen die gesellschaftlichen Normen stärker ins Gewicht. Ortmayr bemerkt, dass eine Sozialform, in der die Eltern autoritär sowie mächtig auftreten und die Abhängigkeit der Kinder bekräftigt wird, die traditionellen Wert- und Rollenvorstellungen größtenteils beibehält, da sie kaum eine Phase des eigenständigen Reflektierens der herkömmlichen Weltanschauungen zulässt. Gehören Menschen derselben Volks- und Berufsgruppe an und leben sie zur selben Zeit am selben Ort, ähnelt sich in der Regel ihre Ideologie.[251]

Die Dorfgemeinschaften, wie sie in den Autobiographien der drei Frauen beschrieben werden, unterlagen hauptsächlich den Direktiven der katholischen Kirche sowie den bäuerlichen Traditionen. Ein Fehltritt bzw. Verstoß gab sofort Anlass zum Geschwätz. Besonders Barbara Passrugger erregte mit ihrem freiheitsliebenden Wesen Aufsehen und wurde daher mehrmals zum Gegenstand des örtlichen Klatsches. Das Tanzen und die Teilnahme an Festlichkeiten empfand sie als wohlverdienten Ausgleich zum beschwerlichen Arbeitsalltag, doch ihr Verhalten veranlasste die Leute, Gerüchte und Falschinformationen über sie zu verbreiten (vgl. BP, HB, 99 f). Als sie z.B. mit sechzehn eine Tanzveranstaltung besuchte, folgte die üble Nachrede bereits am nächsten Morgen:

> Es wurde von den Schnitterinnen viel getuschelt und getratscht. Böse Mäuler wußten, ich hätte wegen der Burschen wieder heim müssen. Die seien jede Nacht bei mir drinnen gewesen, was ja gar nicht gestimmt hat. Ich war dann oft sehr, sehr traurig, und ich hatte keinen Menschen, dem ich vertrauen konnte. (BP, HB, 100)

Aber auch ihr Wunsch, eine Schneiderlehre zu machen, wurde bekannt und als Überheblichkeit kritisiert sowie als Naivität belächelt (vgl. BP, HB, 94). Letztendlich konnte sie das Gemunkel sowie die Diskriminierungen doch zu ihren Gunsten nutzen: Der verheiratete Schmied machte ihr Avancen und obwohl sie sich nicht mit ihm einließ, begannen die Leute zu tuscheln. Als sie dann auch noch Geschenke annahm, die sie – wie sie be-

---

251 Vgl. Ortmayr: Beim Bauern im Dienst, S. 237.

tont – dringend brauchte, tauchten Plakate auf, die sie als Hure beschimpften. Ihr Vater war dermaßen bestürzt über die Verleumdung, dass er Barbara erlaubte, einen Haushaltungskurs zu besuchen, der ihr ermöglichte, Filzmoos und dem Geschwätz für ein halbes Jahr den Rücken zu kehren (vgl. BP, HB, 117 ff). Entrüstet stellt sie fest, dass sie sich nichts hat zu Schulden kommen lassen und dass dennoch sie den Spott und die Verachtung der Leute zu ertragen hatte, obwohl er es war, der ihr den Hof machte (vgl. BP, HB, 119).

Die Soziologin Christine Goldberg konstatiert, dass Frauen aus dem ländlichen Lebensraum eine sozial untergeordnete Rolle einnahmen. Trotz ihrer Bedeutung im sozialen Gefüge eines Bauernhofs sowie der Relevanz für die erfolgreiche Bewirtschaftung des Gutes genossen sie weniger Prestige als Männer. Dies galt nicht nur für das Gesinde, sondern auch in der Beziehung zwischen Bauer und Bäuerin. Die Ursache liegt im geschlechtsspezifischen Aufgabenbereich, also in der Tatsache, dass so genannte Frauenarbeit geringer geschätzt wurde als die Tätigkeiten eines Mannes. Der Stellung einer Bäuerin lässt sich zwar nicht eine „innerhäusliche[n] Machtposition“[252] absprechen, doch maßgeblich für das gesellschaftliche Ansehen war die Anwesenheit in der Öffentlichkeit, die der Bäuerin aufgrund ihrer Aufgaben und Rolle am Hof verwehrt wurden.[253]

Die Autobiographie von Anna Wimschneider zeigt diese speziell den Geschlechtern zugeteilten Aufgabenbereiche auf. Nach dem Tod der Mutter wurden zunächst deren Arbeiten unter den älteren Kindern aufgeteilt. Doch nur kurze Zeit später weigerten sich Wimschneiders Brüder die *Dirndlarbeit* (AW, 10), also alle Tätigkeiten im Haushalt, zu verrichten, weswegen sie als älteste Tochter von nun an diese Verpflichtungen allein erledigen musste (vgl. AW, 10). Auch Maria Gremel bestätigt, dass Männer sich weigerten, Frauenarbeit zu verrichten, wie sich z.B. um die Kinder zu kümmern (vgl. MG, 337 f) oder zu melken (vgl. MG, 125). Im bäuerlichen Arbeitsalltag wurden nämlich die Aufgaben zwischen den Geschlechtern strikt aufgeteilt. Die Versorgung der Kinder, die Hausarbeit sowie andere Tätigkeiten rund um das Haus, wie das Melken oder die Stallarbeit, gehörten zu den Besorgungen der Frauen.[254]

---

252 Vgl. Goldberg, S. 59.

253 Vgl. ebda, S. 58 ff.

254 Vgl. Kapitel 4.4.5 Das Arbeitsumfeld.

Einen weiteren Grund für die sozial mindergestellte Position der Bäuerin sieht Goldberg in der Tatsache, dass meistens der Mann als der Besitzer von Land und Hof in die Ehe kam, da das gängige Erbrecht in der Regel vorsah, dem ältesten Sohn den Hof zu übergeben und die Töchter häufig hintanstellte. Frauen wurden daher auch von den Geschäften ausgeschlossen und hielten sich vorwiegend rund um das Haus auf.[255]

Als Barbara Passrugger heiratete, war sie diejenige, die das Haidegg-Gut besaß. Sie hatte es von ihrem verstorbenen Bruder übernommen und war allein nicht in der Lage, das Anwesen in Stand zu bringen und zu bewirtschaften. Die Verwaltung eines Bauernhofs verlangte Zeitaufwand sowie schwere körperliche Arbeit, die sie ohne Unterstützung nicht bewältigen konnte. Die Eheschließung mit Johann beruhte also auf einer wirtschaftlichen Notwendigkeit, die er ebenso zu seinen Gunsten nutzen konnte, da er sich schon länger ein Lehen hatte kaufen wollen; so kam er durch die Heirat zu einem Stück Land (vgl. BP, HB, 164). Allerdings verlangte er bald nach der Hochzeit, dass Passrugger ihm den Besitz überschreibe, da er sich lediglich als Knecht fühlte. Weil sie ihn nicht für seine Arbeit hätte bezahlen können, sah sie sich gezwungen, ihm die Hälfte des Guts zu überlassen (vgl. BP, SH, 18). Johann trat besitzlos in den Bund der Ehe ein und kam auf das Gut seiner Frau, was ihn sozial unter sie stellte. Um der gängigen sozialen Rolle eines Bauern gerecht zu werden und den dazugehörenden Machtbereich geltend machen zu können, forderte er die Überschreibung des Besitzes. Denn ohne Eigentum hätte er nur den Status eines Knechtes innegehabt, der für ihn als Gatte der Bäuerin nicht angemessen gewesen wäre, also beharrte er auf das Übereignen des Gutes, das ihm das gesellschaftliche Ansehen eines Bauern versprach.

An Passruggers Eigenständigkeit sowie ihrem Wunsch nach Mitsprache stieß sich ihr Mann mehrmals, besonders wenn sie sich in seinen Aufgabenbereich mischte. Sie verkaufte einmal drei Stiere für einen guten Preis, während ihr Mann auf der Alm beschäftigt war. Die Reaktion ihres Mannes fiel daraufhin anders aus, als sie erwartet hatte, denn anstatt dass er erfreut war, entrüstete er sich:

> Ich freute mich über den guten Preis und malte mir aus, wie sich mein Mann darüber freuen wird. Aber ich erlebte eine große Enttäuschung, als er heimkam. „Du darfst ohne mein Wissen überhaupt nichts verkaufen", schimpfte er, und ich mußte sofort

---

255 Vgl. Goldberg, S. 59 ff.

> schauen, daß der Verkauf rückgängig gemacht wird. Dazu muß ich sagen, daß ich das Recht gehabt hätte, da doch ich es war, die ihm den Hälftebesitz übergeben hatte. (BP, SH, 58)

Er unterband ihr nicht nur einen Eingriff in seinen Aufgabenbereich, sondern bestimmte auch über ihren Tagesablauf. Sie deutet ansatzweise ihre untergeordnete Stellung an, wenn sie schreibt: *[b]ei den Kindern durfte ich nur das Allernotwendigste tun. Am Tag ließ mir mein Mann keine Zeit dazu.* (BP, SH, 23) Ihr Mann lenkte sie also auch in ihrer Arbeit im Haus und am Hof – inwieweit lässt sich nicht beurteilen – doch sie fühlte sich in dieser Ehe unfrei und fremdbestimmt. Daher war die Trennung von ihrem Mann eine Rückkehr in ein unabhängiges und autonomes Leben.

Maria Gremel bekundet ihren Unmut bezüglich des untergeordneten gesellschaftlichen Status der Frau, indem sie mehrmals erklärt, dass sie lieber als Junge geboren worden wäre (vgl. MG, 59). Vor allem die Diskriminierung sowie Subordination der weiblichen Sexualität beschäftigte sie, da sie als ledige Mutter u.a. von ihrer zukünftigen Schwiegermutter gedemütigt wurde:

> Ein Bursche behält sein Ansehen, seine Ehre, bei ihm wird nicht gerüttelt. Beim Mädel ist das mindeste, daß sie eine Schlampe ist, sie hurt herum. Niemand sagt etwas vom Mann. Es heißt nur sie läuft ihm nach, obwohl es fast immer umgekehrt ist, daß der Mann drängt. (MG, 251)

Während des Zweiten Weltkriegs veränderten sich dann notgedrungen die Geschlechterverhältnisse. Viele Männer mussten in den Krieg ziehen; unterdessen blieben die Frauen auf den Höfen zurück und übernahmen nun auch die Arbeiten, die sonst die Männer verrichtet hatten, die also physisch anstrengender sowie gefährlicher waren, wie z.B. Holzarbeiten, das Bestellen der Äcker oder den Viehhandel. Die Frauen drangen gezwungenermaßen in die männlichen Arbeits- sowie Rollendomänen vor, wie z.B. Wimschneider, die nach dem Einrücken ihres Mannes keine zwei Wochen nach der Hochzeit nicht nur die Tätigkeiten einer Bäuerin zu erledigen hatte, sondern auch die Aufgaben ihres Mannes übernahm. Neben der Hausarbeit und den der Bäuerin zugedachten Betätigungen am Hof musste sie sich die Arbeiten ihres Mannes erst aneignen, wie z.B. das Ackern:

> Ich konnte nicht ackern, und das mußte ich nun gleich lernen. Ich zog den Mistwagen aus dem Schuppen, der Pflug kam drauf und auch der Onkel. Die Ochsen wurden eingespannt. Die aber

> waren schon länger im Stall gestanden und übermütig, so fingen sie an zu laufen, und ich mußte mit. Ich hatte einen Stock dabei, mit dem ich sie auf den Kopf schlug, aber das machte ihnen nicht viel aus. Zum Umschauen war keine Zeit. Als ich endlich den Acker erreicht hatte, war der Onkel nicht mehr auf dem Wagen. Ich hatte ihn verloren. Weint hinten winkte er mit seinem Stock.
>
> Nun mußte ich umkehren und ihn holen. Er richtete mir den Pflug, ich spannte die Ochsen ein, und der Onkel Albert sagte, der Pflug geht gut und die Ochsen gehen gut, wenn etwas fehlt, bist du schuld. Das war ein schlechter Trost. Es war ein langes Feld, und ich mußte den Holzpflug im Boden halten, was Übung und Kraft brauchte, und ich mit meinen 50 Kilo, da laufen die doch, wohin sie wollen. Ich weinte bis oben vor lauter Angst. Nach einer Weile wurden die Ochsen aber müder, und ich bekam mehr Mut. Der Onkel saß derweil im Gras und schaute zu. Als es dann besser ging, wackelte er mit seinem Stock mühsam heim. (AW, 82 f)

Dass sie dann im Herbst von den Leuten gelobt wurde, dass auch ein Mann das Ackern nicht hätte besser verrichten können, freute sie sehr (vgl. AW, 84).

Zusammenfassend kann man festhalten, dass die soziale Rolle der Geschlechter stark von der Gesellschaft determiniert und wesentlich von der Präsenz im öffentlichen Bereich geprägt wurde. Das Arbeitsfeld der Frauen auf einem landwirtschaftlichen Betrieb war klar definiert und führte sie nicht weit vom Hof weg, weswegen ihr ein öffentliches Auftreten häufig verwehrt wurde. Unter den BewohnerInnen eines Bauerhauses herrschte eine strenge patriarchale Hierarchie, die so gut wie keinen Platz für persönliche Freiheiten oder Entwicklungen zuließ. Das Individuum prägte seine Identität über die eigene Rolle in der Gruppe von Geburt an, was die Entfaltung und Verwirklichung der eigenen Persönlichkeit sowie das Erfüllen der eigenen Bedürfnisse meist verhinderte. Das bedingungslose Einordnen in ein starres soziales Gefüge sowie die Vorrangigkeit der Ziele einer Gruppe führte zur „Gefühllosigkeit", die häufig dem bäuerlichen Umfeld angedichtet wird.[256]

---

256 Vgl. Goldberg, S. 64.

Die Autobiographinnen setzen sich durchaus auch mit der Sehnsucht nach Individualität sowie der Nichterfüllung der eigenen Wünsche und Bedürfnisse auseinander. Der berufliche Werdegang, die Partnerwahl sowie der Tagesablauf waren größtenteils fremdbestimmt und wurden von den gesellschaftlichen Normen festgelegt. Eine Abweichung oder Missachtung war nicht nur mit Schwierigkeiten und Anstrengungen verbunden, sondern bedeutete ebenso ins Fadenkreuz des Geschwätzes zu geraten und somit eventuell eine Außenseiterrolle einzunehmen. Therese Weber weist im Vorwort zu Barbara Passruggers „Mein neues Leben" darauf hin, dass sich diese im Alter mit ihrer Lebensweise über die gesellschaftlichen Konventionen hinwegsetzte und dabei in Kauf nahm, von der Dorfgemeinschaft als sonderbar und eigenartig angesehen zu werden.[257] Passrugger widersetzte sich bereits in jungen Jahren gelegentlich den gesellschaftlichen Richtlinien, z.B. als sie sich mit ihrem Lohn Strümpfe und Wäsche kaufte, obwohl ihr Vater darauf bestand, dass sie diese selbst aus Wolle herstellte (vgl. BP, HB, 114 f). Auch ihre Leidenschaft für das Wandern und Klettern ließ sie sich nicht verbieten und erklomm als erste Frau über die Steiner-Route die Südwand des Dachsteins in damaliger Rekordzeit von drei dreiviertel Stunden (vgl. BP, HB, 108 ff). Besonders während ihrer Ehe fühlte sie sich in ihrer Freiheit eingeschränkt und empfand die Trennung von ihrem Mann im Alter von 73 Jahren als Befreiung sowie Rückgewinnung ihrer Unabhängigkeit (vgl. BP, SH, 103 ff). Es war damals nicht unüblich, dass der Berufswunsch des/der Einzelnen in der ländlichen Bevölkerung aufgrund der wirtschaftlichen Lage nicht realisierbar war.[258] Barbara Passrugger wusste um die Utopie ihres Traums, eine Schneiderlehre zu machen. Obwohl das Lehrgeld nicht gezahlt werden konnte, sprach sie ohne das Wissen ihres Vaters und ihrer Ziehmutter bei einer Schneiderin vor:

> Denn zu sagen, daß man so gern in die Lehre möchte, hätt' man sich nicht getraut, weil man schon gewußt hat, daß man eigentlich zu Hause bleiben müßte, daß das fast so etwas wie ein Seitensprung aus dem richtigen Gefüge hinaus wäre, eine Ausnahme halt! (BP, HB, 92)

Auch Maria Gremel, die eine gute Schülerin gewesen war, war sich bewusst, dass gute Noten nicht ausreichten, um dem dienenden Stand den Rücken zu kehren. Genau an ihrem vierzehnten Geburtstag war sie ausge-

---

257 Vgl. Weber: Einleitung in „Mein neues Leben", S. 17.

258 Vgl. Gruber: Kindheit und Jugend in vorindustriellen ländlichen Hausgemeinschaften, S. 224.

schult, sie wäre jedoch gern Lehrerin geworden (vgl. MG, 222 f). Anna Wimschneider wurde ebenso ihr Berufswunsch verwehrt. Als sie ihrem Vater eröffnete, dass sie Krankenschwester werden möchte, regte er sich auf und schlug sie (vgl. AW, 113). Stets musste sie ihren Pflichten nachkommen sowie ihren eigenen Willen und Begehren zurückstecken, worauf sich der bescheidene Wunsch regte, nur einmal ausschlafen zu dürfen (vgl. AW, 138). Die Bedürfnisse des/der Einzelnen wurden also den Zielen und Ansprüchen der bäuerlichen Hierarchie untergeordnet. Eine individuelle Entwicklung oder Verwirklichung der eigenen Anliegen war demnach kaum realisierbar.

Je integrierter eine Person in der Gesellschaft ist, desto eher fließen die Geschichten der sie umgebenden Menschen in den eigenen Lebensbericht mit ein. Michael von Engelhardt beobachtet das Einbetten von Geschichten über Verwandte, Freunde/innen, Bekannte oder der Dorfgemeinschaft in die eigene Autobiographie – besonders bei Leuten, die sich den traditionellen Lebensweisen verbunden fühlen. Diese gehören in der Regel der älteren Generation an; die Moderne begünstigt hingegen die Individualisierung und Autonomie des/der Einzelnen, was die Ich-Geschichte bei lebensgeschichtlichen Erzählungen in den Vordergrund treten lässt. Diese Tendenz lässt sich nicht nur bei älteren Menschen beobachten, sondern scheint auch geschlechtsspezifisch zu sein. Frauen beziehen nämlich die Geschichten anderer viel häufiger als Männer in ihre autobiographischen Erinnerungen mit ein.[259]

Tatsächlich erzählen die Autorinnen immer wieder Episoden aus ihrem Umfeld, rollen die Familiengeschichte ihres Partners auf oder erzählen vom Werdegang ihrer Kinder. Anna Wimschneider widmet mehrere Seiten ihrer Autobiographie dem Geschehen im Dorf. Sie berichtet von einem Mann, der sich durch eine technische Erfindung die Arbeit erleichtern wollte, von einer mysteriösen Todesvorahnung und von ihrem Hund, der von einer Bruthenne angegriffen wurde (vgl. AW, 121 ff). Auch Gremel erzählt von der Familiengeschichte der Bauern Gremel (vgl. MG, 164 ff) oder von den Zigeunern (vgl. MG, 102 ff).

---

259 Vgl. von Engelhardt: Geschlechtsspezifische Muster des autobiographischen Erzählens, S. 380 ff.

4.4.5 Das Arbeitsumfeld

Das Leben der Autorinnen war maßgeblich von der Arbeit geprägt. Von frühester Kindheit an mussten sie am Hof mithelfen und lernten Fleiß sowie Folgsamkeit als erstrebenswerte Tugenden kennen. Alle drei Frauen stammen aus dem bäuerlich-ländlichen Umfeld, das sich im Laufe des 20. Jahrhunderts allerdings aufgrund der gesellschaftlichen, technischen sowie wirtschaftlichen Umwälzungen radikal veränderte. In ihren Lebensaufzeichnungen thematisieren sie diese Veränderungen, erinnern sich an heute nahezu unbekannte Arbeitsabläufe sowie -bedingungen, den Alltag auf einem Bauernhof und erläutern dessen Struktur und die Funktionen seiner BewohnerInnen.

Die anfallenden Arbeiten am Hof hatten oberste Priorität, da davon das erfolgreiche Bewirtschaften des Guts und somit das gesamte Leben sowie Überleben abhing. Bereits mit zwei oder drei Jahren wurde den Kindern die Arbeit spielerisch näher gebracht, sodass sie nach und nach anspruchsvollere sowie beschwerlichere Tätigkeiten erledigen konnten. Sie wuchsen also allmählich in die Arbeitsfelder des bäuerlichen Daseins hinein und entwickelten so eine Selbstverständlichkeit bezüglich der ländlichen Traditionen und Gewohnheiten.[260] Jede der drei Autorinnen hatte bereits als Kind bestimmte Aufgaben zu erfüllen. So berichtet Barbara Passrugger, dass sie v.a. in den Schulferien mitarbeiten musste, wie Erdbeeren pflücken, den Dienstboten Wasser aufs Feld bringen und ausjäten (vgl. BP, HB, 38 ff). Kinder, die am Hof nicht gebraucht wurden, wurden meist mit dem zwölften Lebensjahr zu einem anderen Bauern geschickt, wo sie als Knecht oder Magd in den dienenden Stand wechselten. Dafür erhielten sie Nahrung, Unterkunft sowie Kleidung; Lohn gab es in der Regel keinen.[261] Maria Gremel kam bereits mit neun Jahren in den Dienst zum Bauer Gremel. Dort kehrte sie anfangs die Stube, wusch ab und kümmerte sich um die Hühner. Als der erste Sohn des Bauernpaares geboren wurde, kam zu ihren Aufgaben dessen Versorgung dazu (vgl. MG, 159 ff). Die schulische Ausbildung war für das Bauernleben von geringer Relevanz und wurde der Arbeit am Hof untergeordnet. Die Folgen waren Differenzen zwischen den Eltern und den LehrerInnen, ein unregelmäßiger Schulbesuch

260 Vgl. Goldberg, S. 62.

261 Vgl. ebda, S. 62 f.

sowie die Abwertung der Schule zur lästigen Störung im bäuerlichen Leben.[262]

Maria Gremel erinnert sich an die dreiwöchigen Erdäpfelferien im Herbst, die die Schule gewähren musste, da die Kinder am Hof zum Aufheben und Sortieren der Kartoffeln benötigt wurden (vgl. MG, 84). Außerdem gab es die Möglichkeit für die Dienstkinder ab dem zwölften Lebensjahr, um eine Sommerliche Schulbefreiung anzusuchen, die die Kinder vom ersten Mai bis zum ersten November vom Unterricht befreite (vgl. MG, 193 f). Gremel sieht den Eintritt in den Dienst als Magd nach dem Ende des dritten Schuljahres nicht nur als Abschied von der Schule, sondern auch als unbewusstes Ende ihrer Kindheit (vgl. MG, 157). Anna Wimschneider wurde ebenso in sehr jungen Jahren der kindlichen Unbeschwertheit, wie sie etwa Gleichaltrige genießen konnten, entrissen. Als ihre Mutter im Kindsbett starb und der Vater unverheiratet blieb, wurden Haushaltshilfen eingestellt, die jedoch bald wieder den Hof verließen. Also musste Wimschneider – mit acht Jahren die älteste Tochter – die Aufgaben der verstorbenen Mutter übernehmen. Zu ihren Pflichten gehörten die Hausarbeiten, wie Waschen, Kochen oder Flicken, die Betreuung der kleineren Geschwister sowie die Stallarbeit (vgl. AW, 8 ff). Eigentlich hätte sie diese Tätigkeiten im Laufe der Jahre erlernt, doch die Umstände erforderten es, dass sie die Pflichten, die im Grunde die Bäuerin zu bewältigen hatte, in kürzester Zeit lernte und beherrschte.

Die Aufgaben auf einem Bauernhof waren klar unter den Geschlechtern aufgeteilt. Es gab zwar regionale Unterschiede, doch insgesamt lässt sich feststellen, dass Männer jene Tätigkeiten verrichteten, die größere physische Kraft erforderten sowie gefährlicher waren, z.B. die Arbeiten im Wald, auf Äcker und Wiesen, und jene, die sich im öffentlichen Bereich vollzogen, wie der Viehhandel. Frauen dagegen kümmerten sich um die Kinder, das Kleinvieh, den Haushalt, die Garten- und Stallarbeit sowie die Milchwirtschaft.[263] Wenn der Bauer bzw. die Bäuerin starb, war es daher wichtig, die ausgefallene Arbeitskraft so schnell wie möglich zu ersetzen.[264]

Diese Rollenverteilung garantierte die erfolgreiche Bewirtschaftung des Hofes, daher musste nach dem Tod von Wimschneiders Mutter ihr Aufga-

262 Vgl. ebda, S. 63.

263 Vgl. Goldberg, S. 55 ff.

264 Vgl. Maderbacher: Nachwort in „Hartes Brot“, S. 117.

benbereich so rasch wie möglich an eine andere Frau übertragen werden. Da ihr Vater sich jedoch nicht wieder verheiratete, übernahm Anna Wimschneider die Verpflichtungen einer Bäuerin. Und die Geschlechterrollen des ländlichen Gebiets waren der Grund, warum Barbara Passrugger das Haidegg-Gut nicht allein bewirtschaften konnte und eine männliche Arbeitskraft benötigte.

Die Tätigkeiten rund um das Haus und den Hof sowie die zahlreichen Schwangerschaften und die Betreuung der Kinder stellten für viele Frauen eine enorme Doppelbelastung dar. Gerade arbeitsfähige Frauen waren in der Regel auch diejenigen, die die Kinder zur Welt brachten, daher war eine Schonung vor und nach der Geburt kaum möglich.[265]

So schildert z.B. Barbara Passrugger, welche dringende Arbeit sie noch kurz vor der Geburt ihrer Tochter Barbara verrichten musste:

> Beim ältesten Mädchen – das war am Weißen Sonntag, das ist der Sonntag nach Ostern – setzte mein Mann gerade unterhalb des Hauses einen Apfelbaum, und ich sagte am Nachmittag zu ihm, er müsse sich darauf einstellen, daß er so in ein bis zwei Stunden die Hebamme holen gehen muß.
>
> Er blieb bei seiner Arbeit, und ich ging so gegen halb vier in den Stall. Dann sagte ich ihm nich einmal, er soll die Hebamme holen gehen. Er ging dann auch, und ich machte noch im Stall weiter. Als die Hebamme da war, sagte sie, ich soll die Stallarbeit bleiben lassen. Ich mußte aber unbedingt noch eine Kuh melken, die sich sonst von niemandem melken ließ. So habe ich noch die Kuh gemolken, bin dann hinein, habe mich ein bisserl gewaschen und ins Bett gelegt. Und eine halbe Stunde drauf ist schon das älteste Mädchen dagewesen. (BP, SH, 23 f)

In manchen Gegenden war es üblich, dass eine Frau aus der Umgebung für eine knappe Woche am Hof aushalf, wenn aufgrund einer Geburt eine Arbeitskraft ausfiel. Sie übernahm dann die Aufgaben im Haus und am Feld. Danach musste die junge Mutter wieder ihre Tätigkeiten aufnehmen, auch wenn sie noch schwach war (vgl. BP, SH, 25 f).

---

265 Vgl. Gruber: Kindheit und Jugend in vorindustriellen ländlichen Hausgemeinschaften, S. 228.

Dass sich diese Doppelbelastung negativ auf den Körper und die Seele auswirken konnten, belegen nicht nur Studien,[266] sondern bestätigen auch die autobiographischen Aufzeichnungen der drei Frauen.

So klagt z.B. Barbara Passrugger über die Folgen der schweren Arbeit. Aufgrund der halbgebückten Haltung beim Mistausbreiten, der Schafschur und dem Tragen von schweren Gegenständen, wie dem Kraftfuttereimer, litt sie bis ins hohe Alter an Kreuzweh. Ihre Schmerzen in den Händen führt sie v.a. auf das Melken zurück. Nässe und Kälte, aber auch andere Arbeitsbedingungen, wie die Gasbildung im Schafstall an heißen Tagen oder das Aufschütteln von verschimmeltem Heu, wirkten sich häufig auf kurz oder lang auf die Gesundheit der Arbeitenden aus (vgl. BP, SH, 75 ff). Auch Anna Wimschneider erkrankte im Alter an Asthma und Diabetes, wobei ersteres laut den Ärzten auf das Stallklima zurückzuführen war (vgl. AW, 147). Doch nicht nur körperliche Folgeerscheinungen zeigten sich häufig aufgrund der physischen Belastungen des Arbeitsalltags, sondern auch psychische Beschwerden konnten auftreten. Barbara Passrugger erzählt offen von Depressionen und einem Selbstmordversuch, da sie sich aufgrund des mühsamen Alltags und den Geburten überfordert und entkräftet fühlte:

> Ich war geschwächt von der vielen schweren Arbeit, von den Geburten und dem Abortus. Ich konnte alles nicht mehr verkraften und bin körperlich und seelisch zusammengebrochen. Von meinem Mann hatte ich sehr darunter zu leiden, daß ich kein Kind mehr bekommen konnte. Ich verfiel in Schwermut und Depressionen und ging mit Selbstmordgedanken herum. Eines Nachts war ich schon auf dem halben Weg zur Bahnstation und wollte mich unter den Zug legen, aber ein Lichtstrahl und der Gedanke an die Kinder mahnten mich zur Umkehr. (BP, SH, 95)

Der harte Arbeitsalltag, dessen Bedingungen und der Zeitaufwand blieben also oft nicht folgenlos und konnten zu physischen und psychischen Beschwerden führen.

Die Autorinnen beschreiben ihr Arbeitsumfeld, die -abläufe sowie -bedingungen recht ausführlich, z.B. wie ein durchschnittlicher Bauernhof aufgebaut war, die einzelnen Räume, deren Inventar sowie ihre Funktion

[266] Vgl. Maderbacher: Nachwort in „Hartes Brot", S. 176 f.

(vgl. AW, 135 ff, BP, HB, 13 ff und MG, 170 ff). Auch der Arbeitsalltag auf dem Hof sowie die Arbeitsprozesse werden geschildert. Anna Wimschneider erinnert sich, wie ihr die Nachbarin das Waschen beigebracht hat:

> Erst haben wir die Wäsche über Nacht eingeweicht, dann wurde sie von mir und Vater ausgewrungen, aufgelockert und in den Zuber gelegt. Oben auf die Wäsche kam ein großes Leinentuch, in das Birkenholzasche gestreut wurde, dann wurde kochendes Wasser draufgeschüttet, das war die Lauge für die Wäsche, Waschpulver hatten wir keines. Nach einigen Stunden wurde diese Lauge unten aus dem Zuber gelassen. Jetzt wurde die Wäsche auf der Waschbank mit Kernseife eingerieben und gebürstet. Ich stand auf meinem Schemel, denn ich war zu klein für die Waschbank. (AW, 13)

Altes Wissen, das aufgrund der radikalen technischen, sozialen, wirtschaftlichen und politischen Wandlungen verloren zu gehen droht, kann in autobiographischen Texten gespeichert und bewahrt werden.

Im Laufe des 20. Jahrhunderts gab es zahlreiche bedeutende Veränderungen im Bereich der Landwirtschaft aufgrund der fortschreitenden wissenschaftlichen Erkenntnisse und Erfindungen, die auch gesellschaftliche Umwälzungen zur Folge hatten. Bereits im 19. Jahrhundert begann der Staat, in den Produktionsprozess der landwirtschaftlichen Betriebe einzugreifen und deren Leistungsfähigkeit zu steigern, indem u.a. eine Spezialisierung der Produktion angestrebt wurde. Hatte der Hof früher die Funktion der Selbsterhaltung, wurde er nun in das kapitalistische System eingebunden. Um die Produktivität anzuheben, kamen zunehmend Maschinen und Chemikalien zum Einsatz. Die steigende Anzahl von industriellen Großbetrieben verdrängte mehr und mehr die kleinen Bauernhöfe, sodass bereits zu Beginn des vorigen Jahrhunderts von einem Bauernsterben die Rede sein konnte. Auch die gesellschaftliche Struktur am Hof veränderte sich dadurch. Der Anteil familienfremder ArbeiterInnen, also das Gesinde, dezimierte sich und der Bauernhof wurde immer häufiger zu einem Familienbetrieb.[267]

Diese Veränderungen machten sich auch im Leben der drei Autorinnen bemerkbar. Anna Wimschneider und ihr Mann Albert fingen nach dem Ende des Zweiten Weltkriegs an, den Hof umzubauen und zu expandieren.

267 Vgl. Goldberg, S. 71 ff.

Sie errichteten je einen Stall für Rinder und Zuchtsauen, kauften Futter sowie Düngemittel und später einen Schlepper mit den Anbaugeräten, um den Ertrag zu verbessern, dessen Erlös sie dann erneut investierten (vgl. AW, 128 ff). Die Erneuerungen in der Agrarwirtschaft mittels Technik und Chemie bedeuteten allerdings keine Arbeitsverminderung, weiß Christine Goldberg. Viele Bäuerinnen erlebten diese Umwälzungen als zusätzliche Belastung, da die Hausarbeit nun an Stellenwert gewann, die Anzahl der Knechte und Mägde abnahm und die Frauen Arbeiten verrichten mussten, die früher zu den Aufgaben eines Mannes zählten.[268]

Da es die kleineren landwirtschaftlichen Betriebe vermehrt schwerer hatten, zu bestehen, erlernten Wimschneiders Töchter einen Beruf außerhalb des agrarischen Bereichs. Außerdem erkrankte Wimschneider an Asthma, weswegen sie mehrmals stationär im Krankenhaus aufgenommen werden musste (vgl. AW, 137 ff). Im Jahre 1971 dann standen sie und ihr Mann vor der Entscheidung, erneut in den Hof zu investieren oder die Grundstücke zu verpachten. Da auch ihr kritischer Gesundheitszustand auf das Stallklima zurückgeführt werden konnte, beschlossen sie, das Bauernleben aufzugeben (vgl. AW, 147 f). Auch Barbara Passrugger restringierte in den 70er Jahren die Bewirtschaftung des Haidegg-Guts, da ihr Mann Johann einer geregelten Arbeit nachging und manche ihrer Kinder den Hof bereits verlassen hatten (vgl. BP, SH, 68 f). Doch nicht nur das Leben an den einzelnen Bauernhöfen veränderte sich, sondern auch das Dorfbild. Manche Häuser oder Hütten wurden abgerissen, andere umgebaut und viele neu errichtet. Straßen wurden gebaut, die Elektrizität sowie zahlreiche Maschinen fanden in den Haushalten sowie Betrieben Verwendung und ein Bus verband nun Filzmoos mit den umliegenden Ortschaften. Die Gemeinde zog Touristen an, Schilifte wurden errichtet und allmählich nutzten die Landwirte den Fremdenverkehr als zusätzliche Einkommensquelle. Sie boten den Gästen eine Unterkunft sowie Verpflegung an und auch die Holzarbeiter wechselten im Winter in die Tourismusbranche (vgl. BP, SH, 7 ff). 1968 vermietete Passrugger zum ersten Mal ihre Almhütte an eine Jugendgruppe aus Köln, mit der sie auch Freundschaft schloss. Der Kontakt mit den Touristen bereitete ihr zunehmend Freude und einige besuchte sie auch in deren Heimat (vgl. BP, SH, 100 ff).

Die Umbrüche in der Landwirtschaft begannen bereits Ende des 19. Jahrhunderts und äußerten sich in der Steigerung der Produktivität, im Rück-

---

268 Vgl. ebda, S. 80 ff.

gang des Gesindes und der Höfe sowie in der Nutzung von Technik und Chemie für die Produktion. Die Agrarwirtschaft unterwarf sich also sukzessiv dem Kapitalismus und gab so den Selbstversorgungsstatus auf. Besonders seit den 60ern des letzten Jahrhunderts verstärkten sich diese Tendenzen. Eine größere Mobilität und Medienpräsenz, ein durchschnittlich höherer Bildungsgrad, die größere Auswahl an Berufen sowie die verminderte Bedeutung kirchlicher Richtlinien sind weitere Ursachen für die Umstrukturierung des bäuerlich-ländlichen Lebens.[269]

4.4.6 Der historische Kontext

Das Individuum wird maßgeblich vom sozialen, kulturellen und historischen Umfeld in seiner Wahrnehmung, seinem Denken und Handeln geprägt. Dementsprechend werden auch autobiographische Erinnerungen von den so genannten sozialen Rahmenbedingungen, aber auch von der Gegenwart sowie den persönlichen Emotionen gelenkt. Das Wissen und die Erfahrungen zahlreicher Individuen fügen sich zu einem kollektiven Gedächtnis zusammen, das die Charakteristika einer bestimmten Epoche widerspiegelt.[270]

Der Sozialhistoriker Michael Mitterauer ist überzeugt, „[i]n jeder Lebensgeschichte steckt Weltgeschichte",[271] und sieht in dieser Aussage die Grundlage für die Oral-History, die sich mit den Berichten von Zeitzeugen beschäftigt. Diese ermöglichen der Geschichtswissenschaft, einen neuen Blick auf die Vergangenheit zu werfen und bereichern sie, wenn Informationen bzw. Details ergänzt und/oder verborgene Zusammenhänge erkannt werden. Auch wenn sich der/die ErzählerIn der Relevanz seines/ihres Berichtes für die Sozialgeschichte vielleicht nicht bewusst ist, findet sich dennoch in jeder Biographie eine Bezugnahme auf die Weltgeschichte.[272] Zeitzeugenberichte vermitteln über die Geschichtsbücher hinaus, die meist „nur" historische Ereignisse und Epochen behandeln, Einblick in das Leben der einfachen Leute. Am folgenden Beispiel weist Mit-

---

269 Vgl. Goldberg, S. 79.

270 Vgl. Kapitel 4.3.1.2 Die populäre Autorbiographie als Teil des kollektiven Gedächtnisses und Kapitel 2.2.1 Das kollektive Gedächtnis nach Maurice Halbwachs.

271 Mitterauer: Abneigung der Vergangenheit als Zukunftsentwurf, S. 213.

272 Vgl. ebda, S. 213.

terauer nach, dass autobiographische Erzählungen auch kulturelle Zusammenhänge aufzeigen und nachvollziehbar machen können: Die „Dokumentation lebensgeschichtlicher Aufzeichnungen" in Wien rief auf, Erinnerungen an die Zeit der Elektrifizierung sowie deren Auswirkungen auf den Alltag festzuhalten. Die eingegangenen Beiträge belegen, dass das elektrische Licht mit seinem statischen Lichtschein am Rückgang der Angst vor Geister beigetragen hat, was den SozialhistorikerInnen vorher nicht wirklich bewusst war.[273] Besonders Lebensberichte über eine Zeit vieler sozialer, politischer, wirtschaftlicher und kultureller Veränderungen spiegeln die Charakteristika dieser Epoche augenscheinlich wider und bilden gleichzeitig ein Zeugnis jener Periode.

Michael von Engelhardt unterscheidet bei den Lebenserinnerungen des 20. Jahrhundert jene Berichte der älteren Generation, die die gesellschaftlichen Umbrüche des anfänglichen Jahrhunderts aufgrund der geschichtsträchtigen Ereignisse beschreiben, und jene nach 1945, die den kulturellen sowie emotionalen Wandel in den Vordergrund stellen. Er konstatiert außerdem, dass sich Lebensberichte geschlechtsspezifisch voneinander unterscheiden. Männer rahmen ihre Autobiographie häufiger in einen historischen Kontext ein, d.h. sie verweisen öfter auf geschichtliche Daten sowie Hintergründe – vor allem die ältere Generation. Frauen dagegen beziehen sich im Vergleich zu Männern seltener auf historische Ereignisse beim Erzählen von Lebenserinnerungen. Insgesamt lässt sich feststellen, dass diese Tendenz mit dem Bildungsstand des/der Erzählers/in in Verbindung gebracht werden kann. Mit wachsender Gelehrtheit steigt auch die Tendenz, historisches Hintergrundwissen in die autobiographischen Schilderungen miteinfließen zu lassen – unabhängig vom Geschlecht.[274]

Die hier behandelten Autobiographinnen beschreiben das politische und historische Geschehen meist am Rande, erzählen nicht explizit von den erlebten geschichtlichen Ereignissen, sondern erwähnen sie nur, wenn sie in unmittelbarer Verbindung mit ihrem eigenen Leben stehen.[275]

---

273 Vgl. Mitterauer: „Ich in der Geschichte", S. 252.

274 Vgl. von Engelhardt: Geschlechtsspezifische Muster des autobiographischen Erzählens, S. 378.

275 Man beachte, dass alle drei Autorinnen Anfang des 20. Jahrhunderts geboren wurden und ungefähr zur Jahrtausendwende starben. Ihre Lebensspanne umfasst also fast das gesamte 20. Jahrhundert: Maria Gremel: 1901 – 1991, Barbara Passrugger: 1910 – 2001 und Anna Wimschneider: 1919 – 1993.

Maria Gremel berichtet am häufigsten von den historischen Vorgängen, doch gibt sie zu, *[i]m Bauernstand achtete man nicht auf das politische Leben.* (MG, 248) Sie begründet ihre Zurückhaltung bezüglich geschichtlichen Fakten mit der Tatsache, dass man solche Informationen in jedem Geschichtsbuch nachlesen könne (vgl. MG, 339). Damit betont sie den Unterschied zwischen Geschichtsschreibung bzw. dem kulturellen Gedächtnis und dem individuellen Erleben der Zeitgeschichte bzw. dem kommunikativen Gedächtnis. Sie stellt das persönliche Erinnern an ihre eigene Lebensgeschichte in den Vordergrund, das stets subjektiv geprägt wird. Jede der drei Frauen berücksichtigt weniger die historischen Höhe- und Wendepunkte, sondern konzentriert sich auf das eigene ländliche Alltagsleben.

Zu Beginn des Ersten Weltkriegs waren Barbara Passrugger und Maria Gremel noch Kinder – vier und dreizehn Jahre alt –; Anna Wimschneider war noch nicht geboren. Die beiden Mädchen waren zu jung, um die Ausmaße und Tragweite dieses Krieges zu erfassen und zu verstehen. Dennoch hielten sie ihre Erinnerungen an diese Zeit fest.

Passrugger erzählt von der Kriegsbegeisterung, von der erfolgreichen Musterung ihrer Ziehbrüder sowie von der Traurigkeit, als diese dann einrücken mussten. Als einer von ihnen im Krieg fiel, konnte sie nicht begreifen, was geschehen war (vgl. BP, HB, 24 f). Gremel erinnert sich an die politischen Hintergründe des Krieges, die man ihr in der Schule vermittelt hatte, an das Einrücken ihrer zukünftigen Schwäger sowie die daraus resultierenden veränderten Arbeitsverhältnisse am Hof. Die Männer, die in der Regel die schwere Arbeit verrichtet hatten, waren größtenteils als Soldaten einberufen worden, was für die in der Heimat Gebliebenen bedeutete, länger und härter arbeiten zu müssen. Damit die Versorgung der Stadt sowie des Heeres gewährleistet war, mussten die Bauern einen Teil ihres Viehs abgeben; Schwarzschlachtungen wurden streng geahndet (vgl. MG, 212 ff).

Auch die Darstellung der Zeit des Nationalsozialismus und des Zweiten Weltkriegs steht nicht im Mittelpunkt der Autobiographien, daher kann man in diesem Fall nicht von Erinnerungsliteratur sprechen. Es finden sich kaum Berichte über die Diskriminierung der Juden und Andersdenkenden, über die Deportationen oder Beschreibungen der Konzentrationslager. Genauso wenig schildern sie die Unterdrückung durch das Hitler-Regime oder die Gräuel des Kriegs. Zwar werden einige Erlebnisse und Erfahrungen aus dieser Zeit festgehalten, doch rücken sie in der Gesamtbeschreibung in den Hintergrund. Die lebensgeschichtlichen Aufzeichnungen umfassen das ganze Leben der Frauen und nicht nur die Zeit des Nationalsozialismus. Die Autorinnen zielen mit ihrem Text auf keine Auseinandersetzung mit einem bestimmten historischen Abschnitt, sondern wollen einen Rückblick auf ihr gesamtes Leben geben, das zwar von der Repression und dem Leid der NS-Zeit beeinflusst, aber nicht maßgeblich geprägt wurde. Ihre Rolle als Zeitzeuginnen beschränkt sich auf ein Miterleben dieser Zeit – weder als Opfer noch als Täterinnen.

Barbara Passrugger lebte zurzeit der Hitlerdiktatur hauptsächlich auf einer Alm und erlebte deswegen die politischen Geschehnisse mit größerer Distanz als die anderen DorfbewohnerInnen. Dennoch zeigte sie sich dem Führer gegenüber skeptisch und fürchtete einen weiteren Krieg (vgl. BP, HB, 120). Einer ihrer Brüder desertierte und wurde auf seiner Flucht von den Nazis in die Beine geschossen und nach einem Aufenthalt in einem Straflager an der russischen Front ermordet (vgl. BP, HB, 148 f). Passrugger hielt dem Verwalter des Guts, auf dem sie arbeitete, häufig vor, dass es in seiner Macht gestanden hätte, ihren friedliebenden Bruder zu retten. Einmal drohte er ihr mit der Deportation, doch Passrugger räumt ein, sich der Tragweite dieser Aussage nicht bewusst gewesen zu sein:

> Herr Hegge, der Verwalter, half mir nicht. Ich war beleidigt und hielt ihm oft vor: „Du hättest es in da Mocht ghobt, daß d' mein Bruada befreit hättst! Da Kriag geht eh sowieso futsch!" Darüber hatten wir schon öfter geredet. Dabei sagte er mir dann einmal: „Wenn ich dich nicht so notwendig brauchen würde, wärest du längst schon in Dachau!"
>
> Ich hab damals nicht ermessen können, was das heißt! Erst später, als ich Berichte von ehemaligen KZ-Häftlingen gehört habe, wurde mir klar, was das bedeutet hatte. Zwar ist bei uns schon ein Bauer ins KZ gekommen, den hatte ein Kriegsgefangener verraten, eine Kuh schwarz geschlachtet zu haben, aber Genaueres wußten wir damals noch nicht, weil auch kaum darüber gesprochen wurde. (BP, HB, 149)

Auch Anna Wimschneider bekundet ihre persönliche Abneigung gegen das NS-Regime offen. Sie erzählt, wie bei einem Aufmarsch am 1. Mai alle den Hitlergruß machten, nur sie log, ihr täte der Arm weh, weswegen sie ihn nicht zum Gruß heben könnte. Sie sagt, sie hätte keine Angst vor der Partei gehabt, da sie diese Leute kannte und sie deren Uniform nicht imponierte. Weder die BewohnerInnen ihres neuen Heimathofes noch sie selbst sowie ihr Mann konnten sich für den Nationalsozialismus begeistern und hängten daher kein Bild des Führers im Haus auf (vgl. AW, 78 ff). Auch ihre Hochzeit auf dem Standesamt im Juli 1939 wurde von der neuen Herrschaft beeinflusst. Der Beamte rief den Brautleuten ins Gedächtnis, dass man dem Führer stets dankbar sein müsse und sie erhielten u.a. ein Familienstammbuch sowie eine Ausgabe von „Mein Kampf" (vgl. AW, 73). Der Krieg bedeutete für Wimschneider in erster Linie die Abwesenheit ihres Mannes im Arbeitsalltag – von der ständigen Sorge um ihn ganz zu schweigen. Den Grund, dass ihr Mann als erster in der Gemeinde einrücken musste, sah sie in der politischen Zurückhaltung seiner Familie (vgl. AW, 77). Sie musste sich während dieser Zeit allein um das Haus und den Hof kümmern und versorgte gleichzeitig die alten Verwandten ihres Mannes. Zu Ostern 1944 wurde Albert durch einen Halsschuss in Italien verletzt und er verbrachte das letzte Jahr des Krieges in verschiedenen Lazaretten (vgl. AW, 101 ff). Obwohl das Geld oft nicht für Kleider oder Bedarfsgüter für ihre erste Tochter reichte, mussten sie als Landwirte nicht Hunger leiden. Als dann allerdings die Flüchtlingsströme aus Ungarn und dem Sudetenland kamen, füllte sich das Haus und das Essen wurde knapp (vgl. AW, 102 ff). Von den Gräueltaten des Dritten Reiches erzählt sie wenig. Obwohl ihr Schwager, ein Sozialdemokrat, für ein halbes Jahr nach Dachau gebracht wurde, hält sie sich mit Erzählungen zurück. Sie behauptet, man habe nichts Genaues gewusst. Das Schicksal zweier Juden jener Gegend kennt sie nicht genau, erwähnt sie fast nebenbei und von Zwangssterilisationen aufgrund von Erbkrankheiten berichtet sie ebenso flüchtig (vgl. AW, 79 f). Insgesamt fasst sie die Verbrechen des Naziregimes wie folgt lapidar und trivial zusammen: *Es wurde viel Unrecht getan zu dieser Zeit* (AW, 80) und beschreibt, wie das Leben nach dem Krieg wieder in seine ursprünglichen Bahnen zurückkehrte:

> Die Hitlerbilder in den Bauernhäusern waren dann auch nicht mehr da, ei[n]gentlich konnte sich niemand erinnern, daß sie früher einmal in der Stube hingen. […] So verging das tausendjährige Reich bei uns. (AW, 81)

Maria Gremel schildert die politischen und historischen Hintergründe etwas genauer. Sie erzählt vom Brand des Wiener Justizpalastes im Jahr 1927 (vgl. MG, 318), vom Ausrufen des Standrechts (vgl. MG, 342 ff) und der Ermordung von Engelbert Dollfuß (vgl. MG, 347). Allerdings verzichtet sie auf Erklärungen oder detaillierte Hinweise, davon ausgehend, dass die LeserInnen die historischen Zusammenhänge kennen oder sie bei Interesse nachlesen würden. Sie will keine geschichtlichen Daten und Ereignisse zusammenfassen, sondern die Geschehnisse aus ihrer persönlichen Perspektive erzählen:

> Das alles ist aber schon längst Geschichte. Für jene welche diese Zeit nicht miterlebt haben – es sind bald fünfzig Jahre –, gibt es die einschlägigen Bücher, wo sich jeder Interessierte selbst informieren kann. Doch sieht es auch heute noch, je nachdem welcher Partei einer angehört, jeder von einer anderen Warte aus. Zurückzuführen ist vieles noch auf die Zeit vor dem Ersten Weltkrieg. Das Jahr 1934 muß aber noch immer für einen Parteienstreit herhalten und wird bei jeder Gelegenheit zitiert. Viele aber leben nicht mehr. Man muß auch die Geschichte beider Seiten lesen, um selbst entscheiden zu können. So will auch ich nur schreiben, wie ich es mit den Meinen erlebte, und von Politik nur soviel beifügen, um die Dinge, die sich abspielten, besser verstehen zu können. (MG, 339)

Wie Wimschneider bestätigt auch Gremel, dass sich die unteren Schichten wenig für die politischen Vorgänge interessierten und da ihnen meist die Medien wie Tageszeitungen oder Radio fehlten, besaßen sie nur wenig Möglichkeiten, sich Informationen zu beschaffen sowie sich um das politische Tagesgeschehen zu kümmern (vgl. MG, 340). Dieses Desinteresse bzw. der Wissensmangel brachte Gremel in Schwierigkeiten, als sie mit ihrer Tochter nach einem Besuch bei Verwandten in Niederösterreich zurück nach Wien kam und uninformiert mitten in die Februarkämpfe 1934 geriet. Ausschlaggebend dafür war die Räumung eines Waffendepots der Sozialdemokratischen Arbeiterpartei im Hotel Schiff in Linz, der sich der Schutzbundführer Richard Bernaschek entgegenstellte. Die Aufstände griffen u.a. auch auf Wien über, wo zahlreiche Gemeindebauten Ort der heftigen Auseinandersetzungen wurden.[276] Gleichzeitig wurde das Standrecht ausgerufen und Gremel bahnte sich zusammen mit ihrer Tochter den Weg nach Hause durch die Straßen Wiens. Da die Straßenbahn nicht in Betrieb war und sie auch keine Zuflucht in einem der Wohnhäuser fanden, irrten sie mehrere Stunden durch die Stadt, bis sie endlich ein Taxi entdeckten, das sie unversehrt nach Hause brachte (vgl. MG, 342 ff). Ihr Mann und zwei ihrer Söhne wurden rekrutiert. Karl wurde nur für ein paar Wochen für einen Dienst ohne Waffe einberufen, der Älteste Felix kam zunächst als Ausbilder in eine Jagdfliegerschule, dann nach Frankreich (vgl. MG, 365 f). Wohin ihr drittes Kind Hermann stationiert wurde, berichtet Gremel nicht.

---

276 Vgl. Vocelka: Geschichte Österreichs, S. 292.

Nach der Geburt ihres sechsten Kindes erhielt sie das silberne Mutterkreuz, doch es bedeutete ihr nichts; später verkaufte sie es auf dem Flohmarkt (vgl. MG, 374). Ihr Gatte sowie ihre Söhne kamen heil aus dem Krieg wieder zurück, Hermann erst nach mehreren Jahren, da er in russischer Gefangenschaft gewesen war. Für den Tod ihres fünften Kindes Gerhard, der laut ihrer Erzählung aufgrund einer schlechten Arztbehandlung starb, gab sie dem Nationalsozialismus die Schuld. Die praktizierenden jüdischen Ärzte wurden ihres Amtes enthoben und stattdessen setzte man unerfahrene Arier ein – die kundigen wurden nämlich an der Front und in den Lazaretten benötigt (vgl. MG, 366 f).

Ein weiterer Grund für das zögerliche Erzählen über die Erfahrungen während des Nationalsozialismus ist wohl die Frage nach der Schuld, die sich nach '45 zwingend stellte. Vor allem in den ersten Jahren nach dem Zweiten Weltkrieg verbreitete sich die so genannte Kollektivschuldthese. Diese besagt, dass die Verantwortung für ein Verbrechen nicht allein bei dem/der TäterIn liegt, sondern auf die Mitglieder der Gruppe, die er/sie angehört, übertragen wird. Das bedeutet im konkreten Fall, dass also das gesamte deutsche Volk – auch die folgenden Generationen – für die Grausamkeiten des Dritten Reiches verantwortlich seien. Viele Angeklagte der Nürnberger Prozesse machten sich diesen Standpunkt für eine Schuldminderung zunutze, doch die Alliierten distanzierten sich davon. Diese bemühten sich um ein Umdenken und eine Umstrukturierung des deutschen Volkes (Reeducation), indem u.a. Bilder und Filme über die Unmenschlichkeiten der Konzentrationslager gezeigt wurden, worauf viele jedoch statt mit Trauer oder dem Eingeständnis von Mitschuld defensiv reagierten. Das Aufzeigen der Schreckenstaten erweckte bei vielen Deutschen Verleugnung und Abwehr. Die Täter-Opfer-Rollen verlagerten sich: Die Verantwortung schob man auf Hitler und seine Partei-Elite sowie auf die SS, die das Volk bewusst fehlinformiert und hintergangen haben sollen, dass es selbst zum Opfer des Terrorregimes wurde. Das schlechte Gewissen sowie das Gefühl der Mitschuld konnten auf diese Weise verdrängt werden. Der Philosoph Karl Jaspers setzte sich intensiv mit dieser Thematik auseinander und publizierte im Jahre 1946 eine Schrift, die maßgeblich zur Diskussion um die Schuldfrage beitrug. Neben krimineller, politischer und metaphysischer Schuld prägte er den Begriff der moralischen Schuld. Dieser bezieht sich auf das Handeln jedes/jeder Einzelnen, das zu den Gräueltaten des Dritten Reiches beigetragen hat. Die moralische Schuld äußert sich in der Selbsttäuschung, der Mitläuferschaft oder der Ausführung von Befehlen. Jaspers bezeichnete sie als persönliche Angelegenheit, die jeder/ jede Einzelne für sich selbst klären soll.[277]

Auch Maria Gremel stellt sich die Frage der Mitschuld und reagiert auf den Vorwurf an ihre Generation, die so bereitwillig den Terror des Nationalsozialismus geduldet haben soll. Sie weist die Anklage der Untätigkeit und der Mitläuferschaft von sich, indem sie zur Gegenwehr übergeht und sich und Ihresgleichen rechtfertigt:

> Zum fünfzigsten Jahrestag der Machtübernahme durch Hitler fragten die damals noch nicht Geborenen: „Warum habt ihr das alles nicht verhindert?" Ich wollte, sie hätten damals gelebt, dann könnten sie uns heute sagen, wie sie es gemacht hätten. Die Jugend redet da leicht. Ich denke oft nach. Ist heute ein Jugendlicher imstande, dem Terror Einhalt zu gebieten? Warum verhindern sie solche Taten nicht, warum nicht die Ausweisungen der vielen Millionen Menschen oder die Landnahme durch die Mächtigen? Sie leben doch heute, wo den Völkern tiefstes Unrecht geschieht, warum verhindern sie es nicht? Meiner Ansicht nach haben Hitler alle Staaten der Welt unterschätzt. Wenn da einer kommt, der der hungernden Bevölkerung Brot und Arbeit gibt, ist es nur natürlich, daß ihm die Massen zujubeln. Da bedeutete alles andere nichts; nur wieder leben können, war die Parole. Wir waren beim Einmarsch nicht arbeitslos, aber nachher wurden wir es (MG, 358 f)

Aleida Assmann nennt fünf verschiedene Strategien der Verdrängung: Neben dem bereits genannten Aufrechnen von Schuld, also der Vertauschung von Opfer- und Täterrolle, erwähnt sie das Schweigen sowie das Externalisieren, das das Verweisen der Schuld an andere bezeichnet. Außerdem gibt sie das Ausblenden als Verdrängungstaktik an, denn was nicht wahrgenommen wird, kann später nicht erinnert werden. Daher gaben viele Deutsche an, die unmenschlichen Verbrechen der Naziregierung nicht wahrgenommen, also nicht bemerkt zu haben. Assmann stützt sich dabei auf die Psychologie sowie die Neurowissenschaft und erklärt dieses Ausblenden mit der Dynamik des persönlichen Erinnerns. Mit Bezugnahme auf die Gegenwart verändert sich die Einstellung und Wahrnehmung der Vergangenheit, d.h. man lässt sich von der momentan Situation bei der Erinnerung an das Vergangene leiten.[278]

---

[277] Vgl. Lexikon der „Vergangenheitsbewältigung" in Deutschland, S. 43 ff.

[278] Vgl. A. Assmann: Der lange Schatten der Vergangenheit, S. 169 ff.

Die drei Autobiographinnen beschränken sich in ihren lebensgeschichtlichen Aufzeichnungen auf die persönlichen Erlebnisse und Erfahrungen aus der Zeit des Nationalsozialismus, ohne näher auf die politischen Geschehnisse einzugehen. Gremel reagiert auf die Frage der Schuld mit Abwehr, Passrugger und Wimschneider mit Ahnungslosigkeit und sie positionieren sich so als ahnungslose Opfer. Sie betonen immer wieder, dass sie als Bauern keinen Zugang bzw. kein größeres Interesse an den Machenschaften der Politik hatten. Sie hatten weder direkten Kontakt zur Partei bzw. den Hitler-AnhängerInnen noch zum Geschehen in den KZ-Lagern. Daher verweist Gremel auf die Geschichtsbücher, um sich über die historischen Ereignisse näher zu informieren.

Die Erfahrungen während der Hitlerdiktatur sowie die Frage nach der Mitschuld zählen ebenso zu den Tabuthemen vieler Lebensberichte derer, die als Erwachsene diese Zeit miterlebt haben. Diese Tatsache weist laut von Engelhardt auf eine unzureichende Aufarbeitung dieses Abschnitts hin.[279] Das Nicht-Erzählte gehört jedoch genauso zu einer Autobiographie wie das Erzählte. Als Autobiographinnen konzentrieren die Frauen sich in erster Linie auf die Darstellung ihres eigenen Lebens und nicht auf die Aufarbeitung der Vergehen des Nationalsozialismus.

Dass lebensgeschichtliche Aufzeichnungen eine Interpretation des Vergangen sind und keinen Anspruch auf Ersatz für Geschichtsquellen erheben, machen schlecht oder falsch erinnerte Fakten bzw. Details deutlich. Maria Gremel unterlaufen z.B. bei historischen Verweisen ab und zu Fehler bei der Datierung oder bei der Nennung von Hintergrundwissen. Sie verwechselt nämlich das Datum des Attentats auf den österreichischen Thronfolger Erzherzog Ferdinand in Sarajewo um einen Tag. Statt des 28. Juni 1914[280] nennt sie den 29. Juni als schicksalshaften Tag (vgl. MG, 212). Außerdem bringt sie das Verwandtschaftsverhältnis zwischen Kaiser Karl I und Kaiser Franz Josef durcheinander und irrt sich im Sterbejahr des letzten Kaisers von Österreich. Sie bezeichnet Kaiser Karl I fälschlicherweise als Vetter seines Vorgängers Kaiser Franz Josef und führt 1923 als sein Sterbejahr an (vgl. MG, 231). Tatsächlich aber war Kaiser Karl I der Neffe des ermordeten Franz Ferdinand und somit ein Großneffe von Kaiser Franz Jo-

279 Vgl. von Engelhardt: Geschlechtsspezifische Muster des autobiographischen Erzählens, S. 384 f.

280 Vgl. Vocelka: Geschichte Österreichs, S. 267.

sef[281] und starb korrekterweise im Jahre 1922 an einer Lungenentzündung im Exil.[282]

Eine Autobiographie übernimmt, wie bereits erwähnt, jedoch nicht die Funktion der Geschichtsschreibung, sondern gibt die individuelle Vergangenheit retrospektiv wieder. Der Erinnerungsprozess wird dabei von der Gegenwart, dem sozialen, kulturellen sowie historischen Umfeld sowie den persönlichen Emotionen beeinflusst. Sie ist eine subjektive Wiedergabe und Interpretation des eigenen Lebens, wobei sich fehlerinnerte Einzelheiten nicht auf das Gesamtkonzept der Lebenserzählung auswirken.

281 Vgl. Berger: Kurze Geschichte Österreichs im 20. Jahrhundert, S. 49.

282 Vgl. ebda, S. 78.

5 Zusammenfassung

Der Mensch tendiert dazu, Erlebnisse und Erfahrungen temporal sowie kausal miteinander zu verknüpfen und sie so in seine Lebensgeschichte zu integrieren, indem er ihnen eine Bedeutung gibt. Dabei kann es vorkommen, dass unbewusst reale Fakten verändert werden. Erinnerungen sind nämlich keine authentische Abbildung der Vergangenheit, sondern subjektiv geprägte Rekonstruktionen derselben, die maßgeblich von der sozialen, kulturellen und historischen Umgebung einer Person geprägt werden.

Die Autobiographie ist eine retrospektive Beschreibung der individuellen Vergangenheit, die keineswegs den Anspruch erhebt, Tatsachen authentisch wiederzugeben, sondern sie ist eine Interpretation der persönlichen Lebensgeschichte. In diesem Zusammenhang bezeichnet Roy Pascal die Autobiographie auch als Selbstdarstellungsprozess, der das Innenleben des/der Verfassers/in in den Mittelpunkt stellt. Die Selbstbiographie wird – genauso wie das autobiographische Gedächtnis – von kulturell fixierten Wahrnehmungs- und Gattungsmustern sowie dem sozialen, historischen und kulturellen Umfeld einer Person beeinflusst. Das Besondere an einer selbstverfassten Lebensbeschreibung ist der so genannte autobiographische Pakt, der laut Philippe Lejeune besagt, dass der/die ErzählerIn und der/die VerfasserIn sich in einer einzigen Person vereinen und dass diese sich verpflichtet, auf Tatsachen beruhende Erinnerungen zu beschreiben.

Die Aufzeichnung der lebensgeschichtlichen Erinnerungen war jahrhundertelang das Privileg der sozial höher gestellten Schichten, doch gegen Ende des 19. Jahrhunderts entdeckte das Volk dieses Genre für sich und soziale Randgruppen nutzten es als Austauschforum für ihre emanzipatorische Entwicklung. Die Demokratisierung dieser literarischen Gattung hält nach wie vor an und in den letzten Jahrzehnten ist das Interesse besonders an unkonventionellen Lebensbeschreibungen gestiegen. Auch persönliche Berichte aus dem bäuerlich-ländlichen Umfeld finden großen Anklang.

Die Literaturwissenschaft unterscheidet im 20. Jahrhundert zwischen literarischen und populären Autobiographien. Letztere sind durch mehrere Merkmale der Trivialliteratur gekennzeichnet, wie sie z.B. Peter Nusser und Walter Nutz beschreiben. Die Sprache sowie die Handlung sind leicht eingängig und folgen stereotypen Mustern, die aufgrund ihrer Wiederholung zum Leseverständnis beitragen. Die triviale Literatur zielt auf die Identifikation mit dem Dargestellten ab und setzt das Hervorrufen von Gefühlen, wie Freude, Trauer oder Mitleid, bewusst ein. Sie bestätigt die Denkweise und das Weltbild des Publikums, passt sich dessen Vorstellungen an und erzieht es gleichzeitig.

Die populäre Autobiographie vereint die Charakteristika einer Selbstbiographie mit den Merkmalen der Trivialliteratur. Christine Burckhardt-Seebass weist zu Recht darauf hin, dass weder die Literatur- noch die Geschichtswissenschaft dieses Genre ernst nehmen und wünscht sich in Zukunft größeres Interesse der Forschung an diesem Themengebiet.

Anfang der 80er Jahre des 20. Jahrhunderts gründete der Sozialhistoriker Michael Mitterauer die „Dokumentation lebensgeschichtlicher Aufzeichnungen“ am Institut für Wirtschafts- und Sozialgeschichte an der Universität Wien, die populäre Lebenserinnerungen jeder Art sammelt, wie Briefe, Fotos oder Erzählungen. Einige davon (wie auch die Texte von Maria Gremel und Barbara Passrugger) wurden im Böhlau Verlag in der Reihe „Damit es nicht verlorengeht…“ publiziert.

Wie entstanden aber nun die Autobiographien der Frauen aus dem ländlichen Milieu? Wie sind sie aufgebaut und welche formalen sowie inhaltlichen Merkmale weisen sie auf?

Maria Gremel zeichnete ihre Kindheits- und Jugenderinnerungen im Alter von 75 Jahren für ihre Familie auf. Sie gelangten auf Umwegen zu Mitterauer und 1983 publizierte dann der Böhlau Verlag den Text unter dem Titel „Mit neun Jahren in Dienst. Mein Leben im Stübl und am Bauernhof. 1900–1930“ als ersten Band der Reihe „Damit es nicht verlorengeht…“. Der zweite Teil ihrer Autobiographie „Vom Land zur Stadt. 1930–1950“ erschien 1991. Gremel hielt ihre Lebensgeschichte fest, um ihre Erfahrungen an die folgenden Generationen weiterzugeben, aber auch, weil Schreiben einen kostengünstigen Zeitvertreib für sie darstellte.

Barbara Passrugger kam der Aufforderung einer Radiosendung nach, in der ältere Menschen zum Niederschreiben ihrer Lebenserinnerungen aufgefordert wurden, und trat so mit Mitterauer bzw. der Dokumentationsstelle in Wien in Kontakt. In Zusammenarbeit mit Ilse Maderbacher und Georg Hellmich entstanden die beiden Teile ihrer Autobiographie: „Hartes Brot. Aus dem Leben einer Bergbäuerin“ (1989) und „Steiler Hang“ (1993). Handschriftliche Manuskripte sowie die überarbeitete Transkription von zahlreichen Interview-Aufnahmen liegen den Texten zugrunde. Anna Wimschneider schrieb ihre Lebensgeschichte aufgrund ihres kritischen Gesundheitszustands auf und reichte sie an ihre Töchter weiter. Zufällig und über mehrere Hände gelangte sie zu Katrin Meschkowski, der Ex-Frau des Verlegers Ernst-Reinhard Piper, der das Manuskript 1984 unter dem Titel „Herbstmilch“ veröffentlichte.

Mitterauer weist darauf hin, dass der Wunsch nach dem Erzählen der eigenen Lebensgeschichte oft in Zeiten des Umbruchs aufkommt, entweder um sich selbst einen Überblick über das Vergangene zu verschaffen oder um es für die Nachkommen zu bewahren. Burckhardt-Seebass führt an, dass Schreiben für zahlreiche RentnerInnen ebenso eine leicht realisierbare Beschäftigung darstellt. Tatsächlich erlebten die drei hier behandelten Autobiographinnen einen sozialen und wirtschaftlichen Umbruch, als sie begannen, ihre Lebenserinnerungen niederzuschreiben. Außertextuelle Zusätze, wie persönliche Fotos, ein Glossar für dialektale Begriffe oder ein Brief an die Familie, untermauern die Authentizität des Textes und vermitteln dem Publikum einen persönlichen Bezug zu den Autorinnen. Wie bei einer klassischen Autobiographie üblich, sind die Texte chronologisch aufgebaut. Die Sprache ist einfach sowie verständlich und mit veralteten sowie dialektalen Ausdrücken versehen, die bewusst als Stilmittel eingesetzt werden, um die Natürlichkeit und Authentizität der Texte zu betonen.

Die Verlage haben unterschiedliche Prioritäten bei der Publizierung dieser Werke gesetzt. Während der Böhlau Verlag Wert auf den dokumentarischen Charakter legt, indem zusätzliche Informationen zum Hintergrund des bäuerlichen Lebens sowie Bildmaterial beigefügt werden und der Entstehungsprozess der Texte dargelegt wird, geht der Piper Verlag nicht auf die Korrekturen des Originals ein. Autobiographische Texte älterer Menschen werden nicht selten bereits vor dem Eintreffen in Dokumentationsstellen oder Verlagen von Verwandten oder Bekannten korrigiert, da die VerfasserInnen meist befürchten, den Ansprüchen der LeserInnen nicht zu genügen. Regionale Ausdrücke oder Archaismen werden auf diese Weise häufig entfernt oder gar ganze Passagen geändert.

Die lebensgeschichtlichen Aufzeichnungen der drei Frauen unterscheiden sich in den persönlich erlebten und erfahrenen Ereignissen, beschreiben jedoch alle dieselben Verhältnisse, wie die soziale Stellung der Frau im dörflichen Umfeld, die historischen Großereignisse des 20. Jahrhunderts im süddeutschen Raum oder den Arbeitsalltag auf einem Bauernhof und seine Veränderungen durch die Technologie. Der historische, geographische und kulturelle Hintergrund der Autobiographinnen ähnelt sich im Großen und Ganzen, sodass ihre Texte einen relativ einheitlichen Einblick in das Leben des bäuerlich-ländlichen Milieus des 20. Jahrhunderts geben. Eine Selbstbiographie setzt sich also aus individuellen Erlebnissen und Erfahrungen sowie der eigenen Sichtweise auf die sozialen, religiösen, historischen und kulturellen Aspekte einer bestimmten Zeitspanne zusammen.

Die Autorinnen thematisieren in ihren Texten unterschiedliche Bereiche ihres Lebens, wie z.B. ihr familiäres Umfeld, ihre Frömmigkeit, das Verhältnis zu ihrem Mann, die Auswirkungen der gesellschaftlichen Normen auf die eigene Person, ihren Arbeitsalltag sowie die erlebten historischen Ereignisse. Ihre Beziehung zu den Eltern beschreiben alle drei zurückhaltend und stereotyp. Das Verhältnis zwischen den Eltern und den Kindern war im bäuerlichen Umfeld hauptsächlich von den Tätigkeiten am Hof geprägt, wobei eine tiefere emotionale Bindung größtenteils vermieden wurde. Schon früh wurde der Nachwuchs zu verschiedenen Arbeiten herangezogen und sobald er am eigenen Hof nicht mehr gebraucht wurde, in den Dienst zu einem anderen Bauern geschickt. So begann z.B. Maria Gremel mit neun Jahren ihren Dienst als Magd. Als Bauern bzw. Söldnerleute gehörten die Frauen einer sozial minderen Schicht an und litten in der Regel zwar nicht an Hunger, dafür aber unter der gesellschaftsbedingten Armut.

Ihr Leben war maßgeblich von der Religion, d.h. dem Gottesglauben sowie den Dogmen der katholischen Kirche, beeinflusst. Die Autorinnen halten alte christliche Bräuche, Gebete sowie Liedtexte schriftlich fest. Sie schildern aber auch den Einfluss der Kirche auf die Leute, der sich auch in intime Angelegenheiten, wie die Empfängnisverhütung oder das Sexualleben, einmischte. Bei Missachtung dieser Richtlinien wurde mit Krankheit, Tod oder der Hölle als Strafe Gottes gedroht. Barbara Passrugger machte sich ihre eigenen Gedanken zur Religion und wandte sich mehr ihrem persönlichen Glauben zu als den Anweisungen der Institution Kirche.

Obwohl die Liebe in der Regel zu den bedeutendsten Themen in den Autobiographien von Frauen gehört, zählt dieser Inhalt gleichzeitig zu den Tabubereichen einer Lebensgeschichte. Die drei Frauen bringen intime

Inhalte, wie z.B. die Körperlichkeit während der Pubertät, zur Sprache, versuchte Vergewaltigungen, vorehelichen Geschlechtsverkehr sowie Fehlgeburten. Während Gremel und Wimschneider aus Liebe heirateten, ging Passrugger eine Vernunftbeziehung ein. Sie übernahm einen Hof, der eigentlich für ihren im Krieg verstorbenen Bruder bestimmt war, doch ohne männliche Unterstützung war sie nicht in der Lage, ihn zu bewirtschaften. Es war zur damaligen Zeit nicht unüblich, dass aus wirtschaftlichen Gründen geheiratet wurde. Eine lebenslange Beziehung beruhte nicht unbedingt auf persönlichen Gefühlen, sondern folgte auch wirtschaftlichen und sozialen Konventionen.

Die Gesellschaft hatte großen Einfluss auf das Individuum. Ein Bauernhof besaß eine hierarchisch gegliederte Struktur, an dessen Spitze der Bauer stand. Die Dorfgemeinschaft bildete ebenso eine streng abgegrenzte Gruppe, die Außenstehende ausschloss und diskriminierte. Sie unterlag hauptsächlich den Direktiven der Kirche sowie den bäuerlichen Traditionen und einer Missachtung der Regeln folgten Gerüchte bis hin zur Ausgrenzung. Benötigte ein Mitglied dieser Gemeinschaft allerdings Hilfe, war diese unvermittelt gesichert. Die persönlichen Bedürfnisse und Sehnsüchte, wie z.B. ein eigener Berufswunsch, wurden jedoch kaum beachtet, sondern den Ansprüchen und Zielen der Gruppe untergeordnet. Die Autobiographinnen gehen auch auf die soziale Stellung der Frau in der ländlichen Gesellschaft ein und kritisieren sie. Nicht nur musste im Falle einer unehelichen Schwangerschaft oder außerehelichen Affäre die Frau die Missachtung und Demütigungen der anderen ertragen, sondern Frauenarbeit wurde auch geringer geschätzt als die Aufgaben eines Mannes.

Die anfallenden Tätigkeiten am Bauernhof wurden klar unter den Geschlechtern aufgeteilt. Während die Männer Arbeiten verrichteten, die größere physische Kraft benötigten und gefährlicher waren, kümmerten sich die Frauen um den Haushalt und die Kinder, das Kleinvieh, die Stallarbeit sowie den Garten. Diese Rollenverteilung war notwendig, um den Lebensunterhalt zu bestreiten, der das Überleben garantierte. Die harte Arbeit sowie die zahlreichen Schwangerschaften wirkten sich häufig negativ auf die Seele und den Körper der Frauen aus und physische sowie psychische Erkrankungen waren die Folge. Der Einzug von technischen und chemischen Hilfsmitteln im Bereich der Landwirtschaft sowie die Eingliederung in das kapitalistische System hatten zur Folge, dass sich das Bauerndasein für die Autobiographinnen radikal veränderte. Die Autorinnen bewahren in ihren

Texten die heute nahezu vergessenen Arbeitsbedingungen und -abläufe, wie z.B. das Waschen mit der Hand ohne Waschpulver.

Sie beschränken sich in ihren Aufzeichnungen hauptsächlich auf die Darstellung des ländlichen Lebens sowie ihren eigenen Erfahrungen und stellen die politischen Großereignisse des 20. Jahrhunderts, wie den Zweiten Weltkrieg, in den Hintergrund. Gremel weist darauf hin, dass sich die Bauern wenig um das Weltgeschehen kümmerten und verweist jede/n Interessierte/n auf die zahlreichen Geschichtsbücher. Ihre Texte erheben keinen Anspruch auf historische Authentizität, sondern stellen eine persönliche Interpretation der eigenen Erfahrungen dar, die von den sozialen, religiösen, kulturellen und historischen Rahmenbedingungen geprägt sind und diese auch widerspiegeln.

Die hier analysierten Werke zählen zu den populären Autobiographien, beinhalten aber auch Elemente der Heimatliteratur, da als Schauplatz das ländliche Umfeld dient und der Alltag der bäuerlichen Bevölkerung dargestellt wird. Aus der Perspektive einer Frau werden die sozialen, religiösen, politischen sowie wirtschaftlichen Bereiche des Bauernlebens des 20. Jahrhunderts geschildet und dabei wird auch auf Genderfragen eingegangen. Da die Autorinnen aus sozial weniger beachteten Gruppen entstammen, könnte man ihre Werke als „Literatur von unten" bezeichnen.

Die populären Autobiographien erinnern und bewahren also nicht nur persönlich Erlebtes und Erfahrenes aus subjektiver Sicht, sondern spiegeln zudem das soziale, kulturelle, historische und religiöse Umfeld einer bestimmten sozialen Gruppe wider: das der Bäuerinnen aus dem süddeutschen Sprachraum.

6 Abkürzungsverzeichnis

AW = Wimschneider, Anna: Herbstmilch. Lebenserinnerungen einer Bäuerin. München: Piper Verlag GmbH 2007[35].

BP, HB = Passrugger, Barbara: Hartes Brot. Aus dem Leben einer Bergbäuerin. Bearb. v. Ilse Maderbacher. Wien, Köln: Böhlau Verlag 1989.

BP, SH = Passrugger, Barbara: Steiler Hang. Bearb. v. Georg Hellmich. Wien, Köln, Weimar: Böhlau Verlag 1993.

MG = Gremel, Maria: Mein Leben. Mit neun Jahren im Dienst. 1900–1930. Vom Land zur Stadt. 1930–1950. Wien, Köln, Weimar: Böhlau Verlag 2003.

7 Literaturverzeichnis

Primärliteratur

Gremel, Maria: Mein Leben. Mit neun Jahren im Dienst. 1900–1930. Vom Land zur Stadt. 1930–1950. Wien, Köln, Weimar: Böhlau Verlag 2003.

Passrugger, Barbara: Hartes Brot. Aus dem Leben einer Bergbäuerin. - Bearb. v. Ilse Maderbacher. Wien, Köln: Böhlau Verlag 1989.

Passrugger, Barbara: Mein neues Leben. Hrsg., bearb. Und mit einer Einl. vers. von Therese Weber. Wien, Köln, Weimar: Böhlau Verlag 1998.

Passrugger, Barbara: Steiler Hang. Bearb. v. Georg Hellmich. Wien, Köln, Weimar: Böhlau Verlag 1993.

Wimschneider, Anna: Herbstmilch. Lebenserinnerungen einer Bäuerin. München: Piper Verlag GmbH 2007[35].

Sekundärliteratur

Arnold, Heinz Ludwig, Detering, Heinrich [Hrsg.]: Grundzüge der Literaturwissenschaft. München: Deutscher Taschenbuch Verlag 20036.

Assmann, Aleida: Der lange Schatten der Vergangenheit. Erinnerungskultur und Geschichtspolitik. München: C.H. Beck 2006.

Assmann, Jan: Das kulturelle Gedächtnis. Schrift, Erinnerung und politische Identität in frühen Hochkulturen. München: Verlag C.H. Beck 1992. 20055

Berger, Peter: Kurze Geschichte Österreichs im 20. Jahrhundert. Wien: Facultas Verlags- und Buchhandels AG 2007.

Briefe – Tagebücher – Autobiographien. Studien und Quellen für den Unterricht. Hrsg. v. Peter Eigner, Christa Hämmerle, Günter Müller. Innsbruck, Wien, Bozen: Studien Verlag 2006.

Burckhardt-Seebass, Christine: „So wia s Leben is mei Schreiben!" Über populare Autobiographie als Werk. In: Hören Sagen Lesen Lernen. Bausteine zu einer Geschichte der kommunikativen Kultur. Hrsg. v. Ursula Brunold-Bigler und Hermann Bausinger. Bern, Wien [u.a.]: Peter Lang 1995. S. 133–145.

Donnenberg, Josef: Heimatliteratur in Österreich nach 1945 – rehabilitiert oder antiquiert? In: Wesen und Wandel der Heimatliteratur. Am Beispiel der österreichischen Literatur seit 1945. Ein Bonner Symposium. Hrsg. v. Karl Konrad Polheim. Bern, Frankfurt am Main, New York, Paris: Verlag Peter Lang AG 1989. S. 39–68.

Duden. Deutsches Universalwörterbuch. Mannheim, Leipzig, Wien, Zürich: Dudenverlag 2007.

Erll, Astrid: Kollektives Gedächtnis und Erinnerungskulturen. Stuttgart, Weimar: Verlag J.B. Metzler 2005.

Fischer, Gero: Autobiographische Texte als historische Quelle. In: Geschichte von unten. Fragestellungen, Methoden und Projekte einer Geschichte des Alltags. Hrsg. v. Hubert Ch. Ehalt. Wien, Köln, Graz: Böhlau 1984. S. 81–94.

Gedächtniskonzepte der Literaturwissenschaft. Theoretische Grundlegung und Anwendungsperspektiven. Hrsg. v. Astrid Erll, Ansgar Nünning. Unter Mitarbeit von Birk, Hanne, Neumann, Birgit. New York, Berlin: Walter de Gruyter 2005.

Goldberg, Christine: Postmoderne Frauen in traditionellen Welten. Zur Weiblichkeitskonstruktion von Bäuerinnen. Frankfurt am Main [usw.]: Peter Lang GmbH 2003.

Gruber, Beatus: Kindheit und Jugend in vorindustriellen ländlichen Hausgemeinschaften. In: Geschichte von unten. Fragestellungen, Methoden und Projekte einer Geschichte des Alltags. Hrsg. v. Hubert Ch. Ehalt. Wien, Köln, Graz: Böhlau 1984. S. 217–257.

Grundzüge der Literaturwissenschaft. Hrsg. v. Heinz Ludwig Arnold und Heinrich Detering. München: Deutscher Taschenbuchverlag 2005.

Holdenried, Michaela: Autobiographie. Stuttgart: Reclam 2000.

Kunne, Anne: Heimat im Roman: Last oder Lust? Transformationen eines Genres in der österreichischen Nachkriegsliteratur. Amsterdam, Atlanta, GA: Editions Rodopi 1991.

Lejeune, Philippe: Der autobiographische Pakt. Frankfurt am Main: Suhrkamp Verlag 1994.

Lexikon der „Vergangenheitsbewältigung" in Deutschland. Debatten- und Diskursgeschichte des Nationalsozialismus nach 1945. Hrsg. v. Torben Fischer, Matthias N. Lorenz. Bielefeld: Transcript Verlag 2007.

Literatur – Erinnerung – Identität. Theoriekonzeptionen und Fallstudien. Hrsg. v. Astrid Erll, Marion Gymnich, Ansgar Nünning. Trier: WVT Wissenschaftlicher Verlag Trier 2003.

Maderbacher, Ilse: Zur Entstehungsgeschichte dieses Buches. In: Passrugger, Barbara: Hartes Brot. Aus dem Leben einer Bergbäuerin. Bearb. v. Ilse Maderbacher. Wien, Köln: Böhlau Verlag 1989. S. 169–181.

Markowitsch, Hans J.: Dem Gedächtnis auf der Spur. Vom Erinnern und Vergessen. Darmstadt: Wissenschaftliche Buchgesellschaft 2002.

McInnes, Edward: Das deutsche Drama des 19. Jahrhunderts. Berlin: Erich Schmidt Verlag 1983.

Metzler Lexikon Sprache. Hrsg. v. Helmut Glück. Stuttgart, Weimar: Verlag J.B. Metzler 2000.

Mitterauer, Michael: „Aber arm wollte ich nicht sein". In: Geschichte von unten. Fragestellungen, Methoden und Projekte einer Geschichte des Alltags. Hrsg. v. Hubert Ch. Ehalt. Wien, Köln, Graz: Böhlau 1984. S. 143–161.

Mitterauer, Michael: „Ich in der Geschichte, Geschichte im Ich". Zur „Dokumentation lebensgeschichtlicher Aufzeichnungen am Institut für Wirtschafts- und Sozialgeschichte der Universität Wien". In: Autobiographien in der österreichischen Literatur. Von Franz Grillparzer bis Thomas Bernhard. Hrsg. v. Klaus Amann und Karl Wagner. Innsbruck, Wien: Studien-Verlag 1998. S. 241–261.

Mitterauer, Michael: Abneigung der Vergangenheit als Zukunftsentwurf. Zur Arbeit mit Lebensgeschichten. In: Leben wir zu lange? Die Zunahme unserer Lebensspanne seit 300 Jahren – und die Folgen. Beiträge eines Symposiums vom 27.–29. November 1991 an der Freien Universität Berlin. Hrsg. v. Arthur E. Imhof. Köln, Weimar, Wien: Böhlau Verlag 1992. S. 211–224.

Mitterauer, Michael: Religion in lebensgeschichtlichen Aufzeichnungen. In: Biographie – sozialgeschichtlich. Sieben Beiträge. Hrsg. v. Andreas Gestrich, Peter Knoch, Helga Merkel. Göttingen: Vandenhoeck & Ruprecht, 1988. S. 61–85.

Neuhaus, Stefan: Grundriss der Literaturwissenschaft. Tübingen, Basel: A. Francke Verlag 2005.

Niggl, Günter [Hrsg.]: Die Autobiographie. Zu Form und Geschichte einer literarischen Gattung. Darmstadt: Wissenschaftliche Buchgesellschaft 1998.

Nusser, Peter: Trivialliteratur. Stuttgart: J.B. Metzlersche Verlagsbuchhandlung 1991.

Nutz, Walter. Unter Mitarbeit von Katharina Genau und Volker Schlögell: Trivialliteratur und Popularkultur. Vom Heftromanleser zum Fernsehzuschauer. Eine literatursoziologische Analyse unter Einschluß der Trivialliteratur der DDR. Opladen, Wiesbaden: Westdeutscher Verlag GmbH 1999.

Ortmayr, Norbert: Beim Bauern in Dienst. In: Geschichte von unten. Fragestellungen, Methoden und Projekte einer Geschichte des Alltags. Hrsg. v. Hubert Ch. Ehalt. Wien, Köln, Graz: Böhlau 1984. S. 95–141.

Österreichisches Wörterbuch. Hrsg. im Auftrag des Bundesministeriums für Bildung, Wissenschaft und Kultur. Wien: ÖBV Pädagogischer Verlag GmbH 2006[40].

Ottakringer Lesebuch. Was hab' ich denn schon zu erzählen… Lebensgeschichten. Wien, Köln, Graz: Böhlau Verlag 1988.

Pascal, Roy: Die Autobiographie. Gehalt und Gestalt. Stuttgart, Berlin, Köln, Mainz: W. Kohlhammer Verlag 1965.

Schenda, Rudolf: Volk ohne Buch. Studien zur Sozialgeschichte der populären Lesestoffe. 1770–1910. Frankfurt am Main: Vittorio Klostermann 1970.

Vocelka, Karl: Geschichte Österreichs. Kultur – Gesellschaft – Politik. München: Wilhelm Heyne Verlag 2006.

Vogt, Jochen: Aspekte erzählender Prosa. Eine Einführung in die Erzähltechnik und Romantheorie. München: Wilhelm Fink Verlag 2006[10].

Von Engelhardt, Michael: Geschlechtsspezifische Muster des mündlichen autobiographischen Erzählens im 20. Jahrhundert. In: Autobiographien von Frauen. Beiträge zu ihrer Geschichte. Hrsg. v. Magdalene Heuser. Tübingen: Max Niemeyer Verlag 1996. S. 368–392.

Von Engelhardt, Michael: Biographie und Identität. Die Rekonstruktion und Präsentation von Identitäten im mündlichen autobiographischen Erzählen. In: Wer schreibt meine Lebensgeschichte? Biographie, Autobiographie, Hagiographie und ihre Entstehungszusammenhänge. Hrsg. v. Walter Sparn. Gütersloh: Gütersloher Verlagshaus 1990. S. 197–247.

Wagner-Egelhaaf, Martina: Autobiografie. Stuttgart, Weimar: Verlag J.B. Metzler 2005.

Weber, Therese: Einleitung. In: Passrugger, Barbara: Mein neues Leben. Hrsg., bearb. und mit einer Einl. vers. von Therese Weber. Wien, Köln, Weimar: Böhlau Verlag 1998.

Welzer, Harald: Das kommunikative Gedächtnis. Eine Theorie der Erinnerung. München: C.H. Beck oHG 2002.

Wesen und Wandel der Heimatliteratur. Am Beispiel der österreichischen Literatur seit 1945. Ein Bonner Symposium. Hrsg. v. Karl Konrad Polheim. Bern, Frankfurt am Main, New York, Paris: Verlag Peter Lang AG 1989.

Wiener Wege der Sozialgeschichte. Themen – Perspektiven – Vermittlungen. Hrsg. v. Institut für Wirtschafts- und Sozialgeschichte, Universität Wien. Wien, Köln, Weimar: Böhlau Verlag 1997.

Wörterbuch der Bairischen Mundarten in Österreich (WBÖ). Hrsg. v. Institut für österreichische Dialekt- und Namenlexika. Wien: Verlag der österreichischen Akademie der Wissenschaften 2000.

Zimbardo, Philip G., Gerrig, Richard J. Aus dem Amerikanischen von Ralf Graf, Dagmar Mallett, Markus Nagler, Brigitte Ricker. Psychologie. München [u.a.]: Pearson Studium 2008.

Zeitungartikel

„Kein Fremder wird lesen, was ich schreibe“ Die Lebenserinnerungen der Maria Gremel. In: Neue Zürcher Zeitung, vom 26.7.1983.

Fabritius, Dieter: Die Armensuppe als Luxusausgabe. In: Der Standard, vom 4.5.1990.

Fueß, Renate: „Auf Dornen in den Himmel“ Die Bäuerin Anna Wimschneider erzählt ihr Leben. In: Buchmagazin 2, 1985.

Gastager-Repolust, Christina: Sie hat sich was getraut in ihrem Leben. Barbara Passrugger, die schreibende Bergbäuerin. In: Die Furche, Nr. 23, vom 8.6.2000.

Göttler, Fritz: Aus einer anderen Welt. Zum Tod von Anna Wimschneider. In: Süddeutsche Zeitung, vom 4.1.1993.

Hoenig, Matthias (dpa): Ein Frauenleben. „Herbstmilch“-Autorin Anna Wimschneider gestorben. In: Frankfurter Rundschau, Nr. 2, vom 4.1.1993.

Rumler, Fritz: „Bäuerin würde ich nicht mehr werden“. In: Der Spiegel, vom 18.3.1985.

Scheuzger, Jürg: „Und viel habe ich geweint“ Anna Wimschneider: „Herbstmilch“. In: Neue Zürcher Zeitung, vom 31.5.1985.

Schmidt, Edgar: Ein glücklicher Mensch. Barbara Passrugger las am Feldkircher Saumarkt. In: Vorarlberger Nachrichten, vom 30.9.1991.

Tomandl, Susanne: Juristischer Ringkampf. Wer schrieb den Bauern-Bestseller „Hartes Brot“? In: Profil, Nr. 50, vom 10.12.1990. S. 99.

Tröster, Susanne: Österreichische Herbstmilch. In: Kleine Zeitung, vom 3.3.1990.

Winkler, Willi: Nur für uns blieb immer nichts. Lebenserinnerungen einer bayrischen Bäuerin. In: Süddeutsche Zeitung, vom 3.10.1984.

Wolf, Helga Maria: Schlechte, alte Zeit. Eine Bäuerin berichtet. In: Die Presse, vom 10./11.11.1984.

Internet

http://www.salzburg.com/wiki/index.php/Barbara_Passrugger#_note-15 am 15.7.2011.

http://wirtschaftsgeschichte.univie.ac.at/vereine/doku/ am 15.7.2011.

http://biografien-news.blog.de/2006/08/10/anna_wimschneider_die_bau erliche_bestsel~1027727/ am 15.7.2011.

http://de.wikipedia.org/wiki/Anna_Wimschneider am 15.7.2011.

http://www.menschenschreibengeschichte.at/ am 15.7.2011.

Zeitfracht Medien GmbH
Ferdinand-Jühlke-Straße 7
99095 Erfurt, Deutschland
produktsicherheit@kolibri360.de